大家小书

新闻艺术（增订本）

徐铸成 著

北京出版集团
北京出版社

图书在版编目（CIP）数据

新闻艺术（增订本）/ 徐铸成著；徐时霖整理. — 北京：北京出版社，2022.5
（大家小书）
ISBN 978-7-200-16510-4

Ⅰ. ①新… Ⅱ. ①徐… ②徐… Ⅲ. ①新闻工作—经验—中国 Ⅳ. ① G219.2

中国版本图书馆 CIP 数据核字（2021）第 129942 号

总 策 划：	安　东　高立志	整 理 者：	徐时霖
责任编辑：	侯天保	责任印制：	陈冬梅
责任营销：	猫　娘	装帧设计：	金　山

·大家小书·

新闻艺术（增订本）
XINWEN YISHU（ZENGDING BEN）

徐铸成　著

出　　　版	北京出版集团 北京出版社
地　　　址	北京北三环中路 6 号
邮　　　编	100120
网　　　址	www.bph.com.cn
总 发 行	北京出版集团
印　　　刷	北京华联印刷有限公司
经　　　销	新华书店
开　　　本	880 毫米 ×1230 毫米　1/32
印　　　张	9.5
插　　　图	34
字　　　数	165 千字
版　　　次	2022 年 5 月第 1 版
印　　　次	2022 年 5 月第 1 次印刷
书　　　号	ISBN 978-7-200-16510-4
定　　　价	49.80 元

如有印装质量问题，由本社负责调换
质量监督电话　010-58572393

徐铸成(1907—1991)

1924年，作者在无锡第三师范求学

1938年，作者在上海《文汇报》时期

1943年，作者在桂林《大公报》时期

1939年春节，香港《大公报》同仁合影。第二排左起：罗集谊、杨历樵、徐铸成、胡政之、张季鸾、金诚夫、杨刚、蒋荫恩夫人

1949年10月，作者参加中华全国新闻工作者协会筹备会时与其他代表合影。第一排左起：邓拓、杨刚、胡乔木、金仲华、王芸生；第二排左起：作者、徐迈进、恽逸群、邓宗汉、赵超构；第三排左起：张磐石、刘尊棋、陈克寒、储安平

1954年9月，作者参加第一届全国人民代表大会会议

1980 年，作者在香港

1983年，作者和天津《今晚报》部分编辑记者座谈（左三为贺越明）

20世纪80年代，作者在上海家中接受记者采访

1984 年，作者在上海寓所

1986年，作者和张高峰在天津《大公报》旧址前合影

1986年，作者在宜昌访问时做笔记

1987年，作者在上海一次会议上发言

1987年，作者在武汉讲课

1987年,作者在上海寓所校订书稿

1988年3月,作者和赵超构(左)、陆诒(右)在北京香山饭店

徐铸成先生主要作品书影

上海文汇报社内的徐铸成先生铜像

总　　序

袁行霈

"大家小书",是一个很俏皮的名称。此所谓"大家",包括两方面的含义:一、书的作者是大家;二、书是写给大家看的,是大家的读物。所谓"小书"者,只是就其篇幅而言,篇幅显得小一些罢了。若论学术性则不但不轻,有些倒是相当重。其实,篇幅大小也是相对的,一部书十万字,在今天的印刷条件下,似乎算小书,若在老子、孔子的时代,又何尝就小呢?

编辑这套丛书,有一个用意就是节省读者的时间,让读者在较短的时间内获得较多的知识。在信息爆炸的时代,人们要学的东西太多了。补习,遂成为经常的需要。如果不善于补习,东抓一把,西抓一把,今天补这,明天补那,效果未必很好。如果把读书当成吃补药,还会失去读书时应有的那份从容和快乐。这套丛书每本的篇幅都小,读者即使细细地阅读慢慢地体味，也花不了多少时间，可以充分享受读书的乐趣。如果把它当成补药来吃也行，剂量小，吃起来方便，消化起来也容易。

我们还有一个用意，就是想做一点文化积累的工作。把那些经过时间考验的、读者认同的著作，搜集到一起印刷出版，使之不至于泯没。有些书曾经畅销一时，但现在已经不容易得到；有些书当时或许没有引起很多人注意，但时间证明它们价值不菲。这两类书都需要挖掘出来，让它们重现光芒。科技类的图书偏重实用，一过时就不会有太多读者了，除了研究科技史的人还要用到之外。人文科学则不然，有许多书是常读常新的。然而，这套丛书也不都是旧书的重版，我们也想请一些著名的学者新写一些学术性和普及性兼备的小书，以满足读者日益增长的需求。

"大家小书"的开本不大，读者可以揣进衣兜里，随时随地掏出来读上几页。在路边等人的时候，在排队买戏票的时候，在车上、在公园里，都可以读。这样的读者多了，会为社会增添一些文化的色彩和学习的气氛，岂不是一件好事吗？

"大家小书"出版在即，出版社同志命我撰序说明原委。既然这套丛书标示书之小，序言当然也应以短小为宜。该说的都说了，就此搁笔吧。

新闻界泰斗的心血结晶

——《新闻艺术（增订本）》导读

贺越明

徐铸成先生的著作《新闻艺术（增订本）》，由北京出版集团作为"大家小书"丛书之一出版。这次再版，距该书首度面世，已有三十六年之久。如若从其孕育算起，时间就更久远。由彼时到现今的变化，即使不以沧海桑田形容，也可说是大不一样的时空，捧读该书的应该大都是新一代读者了。

徐铸成先生晚年的著述，大部分属于往事忆述、人物传记和游记随笔，这三类都分别出版了几种书；还有一类，是他早年撰写的社论、短评和新闻、通讯汇编而成的文集。唯独《新闻艺术》一书，不论题材、体裁还是成书过程，与其他著作不同而有独特之处。因此，该书再版之际，介绍它的缘起及产生经过，解读它的主要内容及学术价值，对读者或多或少会有助益。

一

《新闻艺术》的产生,就过程而言,自然有徐铸成先生对新闻学有关课题思考和论述的必然性,但又有外在因素催生的偶然性。这是我作为其时他指导的研究生,亲身经历或者说部分参与其间的认知。

徐铸成先生作为"全国代表性较大的民主党派、上层爱国人士"被划"右派"者之一,于1980年6月11日经中共中央发文批准改正,政治上获得平反,重新拥有写作、出版和讲学的权利。当年9月,他前往香港参加《文汇报》创刊三十二周年报庆活动,多次在报社内讲授办报的经验;回程路经广州时,应暨南大学新闻学系、羊城晚报社分别邀请,畅谈新闻采访、编辑和评论工作技能以及香港报业见闻。这是他在拨乱反正的新时期回顾新闻实践和总结经验教训的开端。此后,他又应邀先后在厦门、福州、杭州、上海、合肥、西安、天津、镇江、无锡等地,或大厅演讲或小会座谈,讲述他谓之"新闻烹调学"的内容。

徐铸成先生最初提出"新闻烹调学"的命题,是在1982年6月9日,应福建省政协之邀向当地新闻、文艺界人士做报告。

他释题说,办好报纸、广播、电视等新闻媒体,就像厨师烹饪,首先要有各种新鲜的、上等的食材,其次要依照顾客的口味精心加工,还要分主菜、冷盘和点心等,既营养丰富,又品种多样,加之色、香、味俱全,才能增进顾客的食欲。而且,各地的报纸应该办出自己的特色,不能千篇一律,要有自家的名菜和特点,正如福建的闽菜与北京、上海和四川的菜式风味不同,福建的报纸也要使人家一看就知道是一桌闽菜。这一形象的比喻简明易懂,入耳入脑,很容易传播开去,并在业界引发兴趣和好评。有识者撰文认为,"新闻烹调学"这个说法非常传神,切中多年来新闻工作存在的弊端,办报确实要像厨师对待顾客那样把读者放在心上,才有可能获得良好的宣传效果。

20世纪80年代,追求知识、尊重人才蔚成社会风气。中国民主同盟中央确定"开发智力,振兴中华"的工作方针,发挥盟员中拥有众多知名学者、专家的优势,从1983年6月开始举办多学科学术讲座。民盟中央副主席钱伟长主持这项工作,商请徐铸成先生主讲新闻学专题,建议将讲题改为"新闻艺术",以使雅俗共赏,并希望补充一些内容,稍加条理化。

二

从"新闻烹调学"到"新闻艺术",通俗的讲题变得更具学术色彩，但包含的主要内容并未变化，仍然是徐铸成先生的新闻理念、办报思想以及新闻采访、写作、编辑和评论等的方法论。

徐铸成先生中年时是享有盛誉的著名记者、新闻评论家，晚年又成为培育专才的新闻教育家。他曾说自己并非新闻学的"科班"出身，这当然是自谦。

他于1926年考取清华学校（清华大学前身）政治学系，入读一段时间因故辍学；第二年考上北京师范大学国文系，不久进国闻通信社半工半读，数月后改当记者，又转入天津《大公报》任编辑，汉口外派记者，上海《大公报》编辑；后任上海《文汇报》主笔并主管编务，复任香港《大公报》编辑主任、桂林《大公报》总编辑、重庆《大公晚报》主编、上海《大公报》总编辑；再任上海、香港《文汇报》总主笔，上海《文汇报》社长兼总编辑；改任北京《教师报》总编辑，又复任上海《文汇报》社长兼总编辑，至1958年初被错误地划成"右派"为止。他的职业生涯，除了后期被贬遣出版单位，几可用"报人"二字概括，而且随时局变动多次经手报纸的创刊、停刊和复刊。尤其《大公报》和《文汇报》，在现代中国影响舆论，享誉士林，是新闻史著浓墨书写的著名大报。他在前者历练成长而独当一面，于后者参与创办而主持笔政，这样独特又成功的人生经历，纵使名家云集、英才辈出的新闻界，也无堪与相若之人。

徐铸成先生于1980年8月担任上海文汇报社顾问，同年12月被复旦大学新闻学系聘为兼职教授；随后，又获聘武汉大学、厦门大学教授，并受厦大委请筹办新闻传播学系。这自然因他在新闻界的地位、成就所致，也显示新闻学本身与生俱来的特殊性。与其他社会科学有所不同，新闻学是一门实践性、应用性很强的学科。无论新闻教育方式还是新闻学术研究，都有赖于实践和应用；脱离了实践和应用，这门学科能否建立都很难说。

也因此，徐铸成先生作为成就斐然又独立思考的业界泰斗，在一流水准的多学科学术讲座主讲"新闻艺术"，实属不二之选。

三

"新闻艺术"讲座，从1983年8月1日开始，至13日结束。除去两天休息，前后共十一次。讲座的地点，在北京师范大学，曾是徐铸成先生在国文系就读并毕业的母校。就此而言，这个讲座于他个人又多了一层特殊的意义。

如本书所示，除了前言和结束语，正式讲座共分十讲，包括：新闻事业的基本规律、新闻记者是一个光荣称号、新闻艺术的魅力、新闻记者的基本功和"三关"、新闻的采访与写作、新闻编辑与报纸版面、新闻标题、新闻评论、编辑部是一个志同道合的战斗集体、时间是新闻现代化的尺度。

正值暑期,气温颇高。时已七十六岁高龄的徐铸成先生冒着酷热,往返于下榻的招待所与校园,多天连续讲课,参与聆听的学员们无不为之感动和钦佩。课间虽有休息时段,但他无法歇息,总要逐一回答学员们临时提出的各种问题。

我所保存的民盟中央文教、科技工作委员会办公室编印的第八号《"多学科学术讲座"简报》,对"新闻艺术"讲座的情况有详细记载。学员共九十七名,其中二十九人是民盟盟员,来自二十一个省、市和自治区,大多为新闻或出版工作者、院校教师和宣传干部,少数是从事其他工作的,也有几位在校学生。其中年纪最大的,是七十一岁的贵州大学外文系副教授张景明;最年轻的,是西安交通大学一位将升大二的十九岁女生。他们大多由单位出资,也有些自费的,都是看到报纸刊布的"多学科学术讲座"启事报名参加的。可以毫不夸张地说,全是慕徐铸成先生大名而来的。

讲座结束后,在一次分组讨论会的基础上,召开了全体座谈会。六位小组代表和三位个人代表先后发言,对徐铸成先生远道赴京讲学深表钦敬和感谢，称道他结合丰富的实践经验，运用许多实例讲述新闻艺术，"像老朋友促膝谈心一样"娓娓道来，毫无"学院气"和"八股腔"，令人感到亲切；而且，讲授时旁征博引，针对性强，开阔了大家的视野。他们还表示，要学习老前辈的优良作风和高超技能，为开创新闻和宣传工作的新局面做出贡献。一位山西省的地方报社记者和一位安徽省的企业工人分别撰文《听徐铸成先生讲"新闻艺术"》《争取成为一名新闻战士》，介绍各自参加学习的感想和体会。他们的文章，也大体表达了其他学员的心声。

四

按照多学科学术讲座的计划，每个专题都要单独成书出版，徐铸成先生的"新闻艺术"讲座内容也需整理出来。他原先属意我承担这项工作，因为讲座的讲授大纲是我依据他在各地座谈或报告的内容拟就的。可是，其时我的硕士论文题目已经确定，需花大量时间搜集资料和构思写作，无暇顾及其他事情。好在讲座的录音完整，他遂委托武汉大学新闻学系青年教师侯德江据以整理并适当做些补充，完成后计达十万字；又经他过目并首肯，列入"多学科学术讲座丛书"第一辑，于1985年9

月由上海的知识出版社出版。

北京出版集团此次再版，除一些必要的校订之外，保持该书内容不变，另将徐铸成先生在其他时期和场合的讲座或报告稿《记者节上的讲话》《中国报纸的传统》《怎样办好一份报纸》附录于后，可谓增值之举，使读者得以更多地了解著者的新闻理念和办报思想。

徐铸成先生拥有在不同时代和不同社会环境的办报经历和经验，早在民国时期成名，既写过宣布香港、桂林《大公报》停刊的社评，也写有宣告上海《大公报》复刊、香港《文汇报》创刊的社评；人民共和国建立后，还写有上海《文汇报》停刊与复刊的社论。这些文字，凝聚着他在各个时期的新闻理念和办报思想，也反映出他在新闻事业上的追求、探索和思考，其间有嬗变和深化，但基本主张一以贯之，且有恪守的职业素养和专业原则。多年来，已有一些院校的本科生和研究生将此作为课题研究，也兼及新闻业务技能，发表了若干论文。

此外，徐铸成先生在1947年上海《文汇报》被封后的当年年末，在中国新闻专科学校所作题为《明日的中国报纸与报人》的演讲；此前1940年在香港《大公报》工作时到中国新闻学院讲授新闻评论课，此后20世纪50年代初在复旦大学新闻学系的授课要点，1957年在文汇报社各次会议上的讲话，以及1980

年在香港文汇报社的座谈，等等，倘能发掘和整理这些内容并做深入研究，对于梳理、评价他的新闻理念、办报思想以及实务方法的形成和发展，也将是难得而丰硕的学术成果。

五

通读《新闻艺术（增订本）》一书可知，它既具备新闻学教材的一般功用，又凸显这类教科书通常少有的三个特色。

一是综合性。本书的第一部分讲学理，从探讨新闻事业的基本规律起始，包括以新闻做宣传、靠事实造舆论，新闻报道的立场和角度，新闻传播工具对接受者无强制性等原理；再对已经或将走上新闻工作岗位的读者，阐明新闻记者是一个光荣称号，在于任务艰巨、史家作用和无分贵贱；然后论述新闻艺术的魅力，表现为可信性、可读性和可感性。第二部分谈实务，先介绍新闻记者的基本功及"三关"，包含"掂"出分量，把握分寸，辨清分际以及常识关、政策关、文字关；再传授新闻的采访和写作方法，分别举出一些实例讲述技巧和技能；随之是新闻编辑与报纸版面，即材料清理、稿件加工和版面安排；然后分别是新闻标题和新闻评论；总体上阐述编辑部的组成应是一个志同道合的战斗集体；最后论证时间是新闻现代化的尺度。从学理到实务,环环相扣,严丝合缝,囊括新闻工作的各个步骤和全部流程。读者通过本书,可自学深造增加专业知识,也可循序实践增强工作能力,而这正是徐铸成先生如此系统讲授的匠心所在。

二是实用性。新闻学是一门脱胎于新闻实践的社会科学,但对诸如新闻、新闻价值等名词定义长期存在歧见,争论不休,莫衷一是,甚至咬文嚼字,钻牛角尖。徐铸成先生关注到这个现象,认为新闻学研究是为了提升新闻教育水平,有助于改进新闻工作,应该从实际出发探讨,求得符合实际的结论。以"新闻"的定义为例,他在本书中说:"在我看来,只要是社会上新近发生,为群众所关心,对人民有较大影响,具有典型意义的事实,就是新闻。"概括而言,新近发生、群众关心、较大影响、典型意义,是构成新闻的基本要素。虽说也是一家之言,但证诸现实,经新闻媒体传播的大量新闻信息,不都是具有这四项基本要素的事实吗?其实,任何新闻学名词术语的界定,都不能脱离实际,否则便成纸上谈兵,流于空论,玄虚有余,于事无补,也失去了研究的目的和意义。本书所有学理的论述和实务的方法,都建基于实际,是经过长期实践检验而提炼和归纳的见解,对读者的辅导和帮助作用自非那类脱离实际的学术高论所能比肩。

三是前瞻性。徐铸成先生虽然离开新闻工作岗位已久，但始终注意了解新事物，掌握新知识。他在本书"前言"中提及，1980年那次香港之行，给他留下最深的印象是科学技术的进步，特别是20世纪50年代研制成功的电脑，60年代发展起来，广泛应用，在大众传播事业中也发挥了巨大作用。采访工具、传播手段、胶版印刷以及其他传播媒介，由于使用电脑，进入一个全新的时代。当他看到香港那种状况时，内地的电脑使用还仅限于少数科技研究单位。但他相信并预言，随着经济和科技的发展，内地急起直追，也会在新闻工作中普遍应用电脑及相关技术。在最后一章"时间是新闻现代化的尺度"里，他概述人类社会传播活动的发展历程，涵盖语言、文字、书籍、印刷、报刊、广播、电视和电脑等，并指出传播学作为西方的新学科是以人类传播现象为研究对象，应当像鲁迅倡导的"拿来主义"那样，取其精华而去其糟粕，将之改造为社会主义中国的大众传播学。这么多年过去，不仅电脑等电子设备已成为新闻工作者必备的工具，而且电子技术的发展催生出各种新媒体、自媒体，使信息传播手段更加多元，速度更加迅捷，空间更加宽广，而这一切正是大众传播学的研究范畴。凡此种种，无不证明徐铸成先生早先的预见之准确。

《新闻艺术（增订本）》作为新闻界泰斗徐铸成先生的心

血结晶，对于今天的新闻工作者或曰媒体人，依然散发着廓清路向的光亮。相信许多读者在读完本书后，也会得出这样的结论。

完稿于 2022 年 2 月中

徐铸成先生画像（罗雪村作）

目 录

- 001 / 前 言
- 011 / 一、新闻事业的基本规律
- 012 / 　　　以新闻做宣传，靠事实造舆论
- 015 / 　　　新闻报道的立场和角度
- 018 / 　　　新闻传播工具对接受者无强制性
- 023 / 二、新闻记者是一个光荣称号
  　　　——新闻记者的品质和学养
- 024 / 　　　新闻记者的任务艰巨且光荣
- 026 / 　　　记者是当代的历史家
- 036 / 　　　记者的职位不分高低
- 045 / 三、新闻艺术的魅力
  　　　——可信性、可读性、可感性
- 046 / 　　　可信性
- 051 / 　　　可读性

054 / 可感性

067 / **四、新闻记者的基本功和"三关"**
——常识关、政策关和文字表达关与分量、分寸和辨清分际

067 / 常识关

068 / 政策关

070 / 文字关

076 / 三个基本功

089 / **五、新闻的采访与写作**

089 / 新闻采访真实和深入

102 / 新闻稿的精益求精

107 / **六、新闻编辑与报纸版面**

107 / 新闻素材的清理和准备

109 / 做好进一步的加工

110 / 版面安排

118 / 报纸各版是一个整体

124 / **七、新闻标题**

124 / 新闻标题要炯炯有神

127 / 新闻标题有评论意义

129 / 新闻标题是艺术

- 137 / **八、新闻评论**
- 137 / 　　我们当今报纸的评论
- 140 / 　　新闻评论是报纸的灵魂
- 145 / 　　新闻评论的写作
- 151 / 　　新闻评论的态度和文风
- 155 / **九、编辑部是一个志同道合的战斗集体**
- 155 / 　　志同道合的编辑部是报纸的成功之道
- 163 / 　　建设团结有战斗力的编辑部
- 166 / 　　团结有战斗力的编辑部要求有好的带头人
- 170 / 　　编辑人才的自我修养
- 173 / **十、时间是新闻现代化的尺度**
- 173 / 　　从新闻到新闻传播
- 179 / 　　争分夺秒,赶超时代潮流
- 187 / **结束语　新闻事业的生命力在于不断改革**
- 191 / 　附　言
- 193 / 　关于《新闻艺术》的通信

附　录

- 199 / 记者节上的讲话
- 203 / 中国报纸的传统

204 / 批判、发扬中国办报传统
207 / 制度和工作方法
209 / 版面和标题
212 / 记者的活动及其他

214 / **怎样办好一份报纸**
214 / 报人的抱负与胆识
　　　　——略谈初期《文汇报》的历程
220 / 识拔和自拔
　　　　——谈新闻干部的培养和自我进修
224 / 如何培养新闻敏感
　　　　——谈新闻采访和新闻写作
233 / 和读者交知心朋友
　　　　——关于新闻评论
236 / 应炯炯有神
　　　　——谈新闻标题
238 / 中国报纸的传统是什么？
　　　　——二十年"左"倾新闻路线的探讨，兼论苏联模式和美英模式
250 / 报纸的努力方向

256 / **编后记**

前 言

新闻艺术，顾名思义，是谈新闻工作的技巧性，新闻宣传的艺术美。

为什么重点不谈新闻的性质、任务等基本理论问题呢？因为这些都是由我们国家的社会主义性质所决定，特别是新宪法用法律的形式固定下来了。同样，新闻工作宣传的内容，也是马列主义、毛泽东思想、中国共产党的路线、方针、政策，政府的各种法令和措施等等，是为人民，为我们的国家服务的。用不着多加解释，详细阐明。

我们探讨的范围是新闻艺术，主要是如何进一步提高新闻宣传的效果。要达到此目的，就必然要讲究新闻艺术的问题。任何一项工作，要想取得优异的成绩，都必须深刻理解、熟练掌握它的技术性和艺术性，必须明确这项工作的客观规律，新闻工作也绝不能例外。但可惜的是多少年来，我们对这些方面却重视不够。近几年虽然有所改善，但从总体上考查，离人民的要求也还颇有距离，应该引起我们的注意。

中共十一届三中全会以后，我们的国民经济从崩溃的边缘得到恢复，而且发展较快，出现了前所未有的新局面。这主要是实行了以提高经济实效为核心的调整、改革。经济上是如此，其他工作也该效法这个宝贵的经验，新闻工作也应该进一步增强宣传的实际效果，开创崭新的局面，让读者、听众、观众能更好地接受我们的宣传。

我是怎么想到这个问题的呢？1980年我到香港去参观访问历三个月。这个地方，我去过几次。第一次是在广州采访（1930），不时去港逗留三五天。第二次是在"孤岛"创办的《文汇报》被敌伪摧毁后，1939年秋重回《大公报》，主持香港版编辑工作，直到1941年底太平洋大战爆发，历时近两年半。当时，这是一张被认为中国办得最认真的报纸，得到密苏里新闻学院的奖章，这在中国还是创举；在此以前，亚洲的报纸，只有大阪《朝日新闻》获此荣誉。第三次是因为《文汇报》1947年5月被国民党查封，我于1948年到香港创办《文汇报》。这张报也是呼吁民主，倡导进步，而又内容丰富多彩，受到广大读者的欢迎，成为香港的畅销报之一。第四次是1950年，去香港处理《文汇报》的内部事务。此后三十年中未再去过。这

> 转眼又是民国卅六年的新年了！
> 新年，总应该说几句吉庆话：
> 但愿内战停止，和谈成功，把冰
> 冷冰冷的人心再热起来。
> 此外，我还要表示一点希望：
> 希望政治家今年少说假话，
> 希望新闻界的朋友今年多
> 说真话。
>
> 徐铸成 卅六年

1947年，《文汇日记》题词

段时间，我们对外了解的情况甚少，我更是路途坎坷，孤陋寡闻。所以，1980年再去香港，仿佛到了一个全然陌生的地方，真有点"洞中方七日，世上已千年"的感觉。其中，有两个方面印象最深刻。

首先，科学技术的进步，特别是20世纪50年代发展起来的电脑，60年代大大改进，广泛应用。在大众传播事业中也发挥了巨大作用。采访工具，新闻手段，胶版印刷，以及其他传播媒介，由于使用电脑，都进入了一个全新的时代。其革新速度之快，令人瞠目结舌。就像蒸汽机、电的发明一样，电脑的出现和广泛使用，也使各行各业，包括文化、新闻事业产生了一场大革命。恰恰在这段时期，我们国内热衷于"运动"，科技停顿，对方兴未艾的技术革命，视而不见，在经济发展方面是远远落后了。

第二个印象，是我们的新闻事业在那里不那么使人乐观。过去，香港的左派报纸虽然没有占绝对优势，却居于主导地位。在"文革"以前，廖承志同志曾经对此评论，说我们在香港舆论阵地，已"三分天下有其二"了——在发行市场占一半以上的销路。但到1980年，所谓左派报纸的销路降到不足五分之一，严格说恐怕只占十分之一左右。《文汇报》《大公报》有战斗历史，过去在国际上也属于有威望的畅销报，但现在几家报纸的销售量总共还不到十万份，而其他的报，有的却发行四十余万份。这使我感到相当吃惊。

我们在海外的同胞，绝大部分都是爱国的，很想了解祖国的情况。尽管他们中有进步落后之分，也有亲台湾的，但他们的民族感情，对祖国的关心程度却都是炽热的。我在香港期间，观看了一场中国女篮与外国女篮的比赛。中国女篮每进一球或比分超过对方，全场观众都狂热欢呼，掌声雷动；而中国女篮的每次失利，都会使观众懊丧叹气，痛心叫喊。观众那种强烈的倾向性和发自肺腑的激情，给我留下了难以磨灭的印象。这表明祖国的每一次进步，每一方面的变化，海外同胞都非常关心。按理，我们的进步报纸能最快反映国内的情况，应该最受欢迎，为什么实际上却销路停滞不前呢？这说明原料固然重要，烹调也是不容忽视的问题。应该说，我们的报纸，思想内容一般是好的，但就像餐馆一样，原料是精选上等的，但由于没有讲究烹调，即没有讲究新闻艺术，做出来的菜就使人败胃——上海人说"倒胃口"。海外有各式各样的报纸，好似闹市中比比皆是的餐馆，读者可以自由选择，各取所需，各选所爱。我们的尽管是正宗京菜，原料很好，营养丰富，但是，由于一味加辣，烹调不善，也弄得人家不愿光顾了。举例来说，"文革"之中，香港《文汇报》向国内看齐，曾采用简体字，横排，这就等于不要海外读者看自己的报，当时，发行量降到一万多份，而且还是靠进步学校摊派的。

对于这种情况，作为《文汇报》的创办人，我感到非常痛心。香港是我的旧战场，为了尽自己的一份心意，我就为香港《文汇报》做了七八次讲话，讲中国报纸的传统、《文汇报》的斗争历史；还讲怎样采访、写作、编排以及报纸与读者的关系，编辑部的干部培养和自我进修等问题。他们觉得还有启发，比较感兴趣。香港之行以后，近几年来，我先后在暨南大学、复旦大学，还有福州、广州、杭州和苏州、武汉等地，都讲了新闻的有关问题。在福州时，我总结一个题目："新闻烹调学"。意思是新闻的内容即原料是符合法律、符合社会主义道德原则的，主要探讨如何把它"烹调"得更好，报纸、广播、电视，怎样办得更美一点，更引人看一点，更引人听一点，更能拨动读者、听众和观众的心弦一点。民盟中央在北京举办多学科学术讲座，钱伟长同志为我改了个题目："新闻艺术"，以使其更能雅俗共赏一些，这样也好，比较能够概括我讲这个学科的主要内容。

为什么我在香港海外要讲新闻艺术，在国内各地也要讲呢？二十年来的"左"倾，特别在"十年浩劫"中，新闻事业遭到很大的破坏，属于重灾区。到目前为止，中国社会主义新闻事业已过了"而立之年",当然有不少经验可以总结。许多教训,例如"十年浩劫"中的惨痛教训应该深刻记取。对于我们,主要可从业务上进行探讨:为什么在宣传内容是好的情势下,宣传的效果仍然未尽如人意?问题的症结何在?

胡耀邦同志说,我们的经济工作和其他工作过去之所以出现那样大的曲折,一是生搬硬套外国的东西,一是自作聪明,自搞一套。依我看,经济工作是如此,我们新闻宣传也有这个问题。

新中国成立初期,我们的口号是"苏联的今天就是我们的明天"。苏联有个《真理报》,我们的报也要照搬那一套。但是,这样做就忽略了我在《报海旧闻》① 中提出的问题。我们的国情与苏联有很多不同,革命的过程和建立政权的方法也不一样。《真理报》是因地下斗争的需要而创办的,传达联共中央秘密指令的报纸。革命胜利后公开发行,又发展了这个传统,好像报上的话都具有指令性。而我们则情况有别,很早就建立了革命根据地,以后的解放区,也是堂堂正正的政权,中国共产党的方针政策通过报纸电台公开宣传,在国民政府的统治区

---

① 《报海旧闻》是作者写于1979—1980年的新闻史回忆掌故类著作,初版由上海人民出版社于1981年2月出版,1983年8月日本朝日新闻社出版日文版。——整理者注

也有中国共产党的报纸如《新华日报》，进步的《救亡日报》《文汇报》《联合晚报》等，各有很多积累的经验，可以适当运用，创造中国社会主义报纸的特色，而不应该照搬苏联那一套。

我们有些同志，在解放初期除了生搬硬套《真理报》，就是依然按照老解放区的经验来办报。当然，像批评与自我批评、理论联系实际、密切联系群众等等经验，在今天依然正确，是我们新闻工作的法宝，应该继承和发扬。但是，老解放区的办报经验难免有局限性。它的读者主要是干部，是面向农村的。毛泽东同志讲当时分两条战线，一是军事战线，一是文化战线；是在两条战线作战，一是军队作战，一是反侵略、反内战的文化宣传。以周恩来为首的一些同志所主持的重庆《新华日报》，宣传中国共产党的统一战线，用各种办法来影响、团结广大群众，在斗争中发挥了很大作用。我们《文汇报》和其他进步报纸，也在文化战线上做出了贡献。这些报纸的好做法和宝贵经验，新中国成立初期就被有些同志抛弃了。后来，一次又一次的"左"倾，这样那样的批判运动，使得凡是讲求实效，讲求实事求是，讲求让读者喜闻乐见者，都被斥为资产阶级办报思想的代表。这就导致"十年浩劫"中，报纸从阶级斗争的工具变成全面专政的工具。报纸越办越呆板，在读者的心目中江河日下，甚至使人望而生厌。

总结历史的经验教训，是为了我们更好地打开新局面，适应新情况。今天，我们要振兴中华，就需要把爱国主义和共产主义理想的宣传结合起来，更好地宣传现代化建设和经济建设，宣传两个文明，宣传统一战线工作，使台湾回归祖国的问题顺利解决，等等。总之，要宣传各项工作拨乱反正，实行改革，开创新局面。同时，新闻工作自身也需要改革和开创新局面，才能满足党和人民的要求，在以信息社会为核心的新技术革命中，作为信息机构的报纸，能起到开路先锋的作用。所以，任务是沉重的，是非常光荣和艰巨的。我们的报纸能不能承担这个任务呢？

最近，我到某省访问，问省报发行量多大，回答："约四十万份。"问："多少是公费订阅？"答："百分之九十八。"这使我很吃惊。其他省报也有类似情况。上海报纸私人订阅的比例大一些，原因则是讲了点新闻艺术，有点可看的东西。但是，不是我吹毛求疵，上海报纸也未尽如人意，新闻艺术并不算很高。只是因为外地报纸办得更不符合读者的想望。上海作为经济、文化中心城市，报纸有点特色，所以还能销向外地。这说明，要真正打开新闻宣传的新局面，更好地适应今天的新情况，报纸迫切需要改进，否则就会拉现代化建设的后腿。新闻宣传要充分发挥团结人民、鼓舞人心的作用，在振兴中华的道路上发挥向导、先锋作用，我们的不少地方报纸还颇难担此重任。所以，在改革过程中，探讨新闻艺术是一个重要环节。

我来讲这些问题，是迫于一个老新闻工作者的责任感，想尽一分绵力。现在，我只担任一些顾问的名义，由于年近八十，不可能自己去办报。另一方面，我也没有完全脱离实际，还给国内的报纸不断写一点东西，也给香港报纸写通讯，大体上每月四五篇，总想不脱离实际，为祖国贡献一点力量。所以，我谈的主要是个人几十年新闻工作的体会，近年加上看到听到的情况，结合起来讲。不当之处，望大家批评指正。

一、新闻事业的基本规律

为什么首先要讲新闻事业的客观规律？

任何工作，都有它本身的规律。列宁说，规律是客观存在的。只有利用规律，来发挥主观能动性；不能违反客观规律，否则，就要受到客观规律的惩罚。

报纸工作也有自己的规律。违背这些规律，就必然要受到惩罚。经过长期的"左"倾思想的干扰，特别是"十年浩劫"，大家都会有这方面的体会。

"四人帮"时期，报纸办得不像报纸，完全违反了客观规律。1976年报道四五运动①的《人民日报》，被群众愤怒地撕成碎片。这是一个绝对的例子。当时一般读者对待报纸的态度有一个"公式"，报纸送来后，随手翻一翻，顶多看看国际新闻，

---

① 四五运动，是1976年4月清明节前后发生的反对"四人帮"的全国性群众运动。——整理者注

很快就丢到一边去了。因为上面谎话连篇，大话、空话成片，令人生厌。那时候，人们对报纸很不信任，甚至从反面来看待上面的新闻。如说形势大好，人们则作相反理解；报道今年特大丰收，人们则认为肯定是歉收了，这样的例证不胜枚举。我们的新闻工作，无论是报纸，还是广播、电台等，因违反客观规律而受到的惩罚，都是非常巨大，非常令人痛心的。我们应该吸取深刻的教训，再不能做那样的蠢事。所以，讲新闻艺术，首先要研究新闻的客观规律。我认为，报纸、广播等新闻工作，有三条基本的客观规律。

以新闻做宣传，靠事实造舆论

报纸，又叫新闻纸。顾名思义，主要是登载新闻，以新闻来进行宣传。新闻是报纸的主体，所以有人把它称为"报纸的生命"。一张报纸如果没有新闻或新闻很少，就不是或不完全是新闻纸。那么，什么是新闻呢？

新闻的定义，西方曾有许多五花八门的说法。什么"狗咬人不是新闻，人咬狗才是新闻"，什么"稀奇古怪的事就是新闻""神秘离奇即新闻"，新闻就是"有闻必录"，等等。总的说来,西方有些报纸是以新奇、闻所未闻为主要标准,靠耸人听闻来吸引和刺激读者,同我们的观点有本质的区别。

在我看来,只要是社会上新近发生,为群众所关心,对人民有较大影响,具有典型意义的事实,就是新闻。

为什么要用这样多限制词呢?首先是为了与所谓的资产阶级新闻观划清界限,不受其影响。我们认为新近发生的,与人民群众有关系的事实才叫新闻。其次,新闻并非有闻必录。新近发生的事情很多,例如市面上西瓜供应充足,或者菜场内副食品减少,等等,如果不具典型意义,报纸就登不了那么多。所以,新事实还需要有典型性。我们根据事实来宣传中国共产党的方针政策和各项措施,例如宣传社会治安,打击经济犯罪,就要重点采访有关典型,通过事实来影响社会,教育群众。

在新闻宣传中,一定要让事实本身说话。新闻中占第一位的就是事实。不能因为宣传需要,就笔下生花地在事实中掺假。报纸是通过新近发生的典型事实来宣传中国共产党的方针政策,这就是它的客观规律和特性。违反这个规律,就必然要受到惩罚。收不到预期效果,甚至收到反效果。过去,由于长期"左"的干扰和破坏,宣传中实用主义泛滥成灾。为了搞一个运动,可以假造事实，或者搞"客里空"①，或者说过头话。诸如此类，造成了人们对报纸、广播和电视的不信任。所以，我们今天要强调和尊重新闻的客观规律，尊重事实本身。

新闻以"新"字领头，就绝不是人云亦云的旧闻，时隔三秋的往事。所以，新闻要讲时效性，尽可能快地报道。习仲勋同志1981年11月曾在新华社成立五十周年纪念会上代表中央讲话时提出五个字：真、短、快、活、强。快，成了新闻的主要点之一。过去长时期里是宁可慢些，认为快就是资产阶级的抢新闻，强调的是好，经过反复考虑审查，所以常常使中央的会议新闻，要结束一周或十天后才发表。现在不同了，如中共十二大、六届人大、政协等重大会议，上午开会，下午就发表消息。这样就快了。新闻当然要强调正确真实，但在某种程度

---

① 客里空：俄文原意为"喜欢乱嚷的人""好吹嘘的人""饶舌者"，也是苏联剧作家考涅楚克创作的话剧《前线》中的一个人物。在剧中客里空是一位记者，逢人吹拍，用小说的笔法来写战地实录，在新闻报道中不断虚构臆造。《前线》在20世纪40年代的延安和全国抗日根据地、抗战胜利后的解放区曾多次演出。1945年4月24日，毛泽东在七大讲话中谈到知识分子干部要和工农群众交朋友时说，不要和"打胭脂水粉"的"《前线》里的客里空"这类爱吹爱拍的人交朋友。延安《解放日报》也曾在社论中批判"客里空"，要大家引以为戒。当时和以后，在党内新闻工作者中展开了反对"客里空"的热烈讨论。新中国成立后，"客里空"一度成为"弄虚作假的资产阶级恶劣文风"的代名词。——整理者注

上，慢就会挨打。我们的会议九点召开，外国记者九时零三分就发出了报道。由于抢在前面，他们的报道就发挥了宣传作用。人们会先入为主，不知不觉地受到他在报道中包含的立场、观点的影响。所以，我们应该以"真"为前提，把"快"当成重点，从事宣传工作。

新闻报道的立场和角度

新闻宣传，无论报纸还是广播、电视，都要打上阶级的烙印，带有自己的立场观点，表现出它的倾向性。所以，国外有些人鼓吹的纯客观主义，只能是虚伪的，不诚实的，经不起实践检验的。他们的所谓"纯客观"，不过是为"满纸荒唐言"套上"真实"的漂亮外衣，麻痹和欺骗读者罢了。

大家从现实生活中，出于常识性的道理都清楚，天下没有一个"纯客观"的报道。采访人物，报道新闻，就像我们拿着相机去照相，总要选择自己所希望的角度，选择自己所欣赏，所爱好的姿态和场景，而不是随便到一个现场，不带任何感情地信手就按快门。给同一个人拍照，由于角度、光线、背景等的差别，照出来的效果大不一样，有的很准确、很艺术地显示了他的模样，他的精神有的则照得差，甚至不像他本人的精神面貌。照相还不能做到"纯客观"的有像必显，新闻报道就更是如此。例如两伊战争，同样一条新闻，伊拉克的报道和伊朗的报道就绝不相同，因为都带着本国的感情，站在各自的立场观点来宣传同一件战事。再如报道球赛的新闻，在国际比赛中，我们的报道同外国记者就不会一样。强调的方面有别，拍摄的镜头也不会相同。就是我们一个地区的球赛，如上海对北京，北京的报纸所报道的就同上海的报纸不同。因为当地有它自己的感情掺杂在报道中。

但是，新闻宣传中的立场和角度尽管重要，这些都属于第二位。立场观点有不同，但他是以事实为基础的。事实不能改变，是第一位的，而立场和观点都是从事实中派生出来的。伊朗同伊拉克的战争，有时某一方失败了。他们的报道可以掩饰失败的程度，却不能否认失败的事实。过去，在解放战争中，国民党的新闻报道不顾事实，吹嘘某一仗消灭共军多少，某一次又全歼多少，结果人家根本就不相信，而是从反面来看待，从进步报纸中看事情的真相。

总之，不能离开事实本身来讲立场、观点和角度。否则，就会变成"客里空""假大空"，就会失去人们的信任。

我们的有中国特色的社会主义的报纸，是为党和人民服务的，宣传的应该是真理，所以，不惧怕表明我们的立场、观点。

但是在相当长的一段时期内，新闻宣传强调立场、观点时，没有以事实为出发点。"四人帮"横行时要整某人，就是拼命地上纲上线，无中生有，黑白颠倒。要树一个标兵或者英雄，也是吹得高大完美，像一尊神像。如此违背事实的新闻，只能落得人们嗤之以鼻的下场。中共十一届三中全会以后，实事求是的做法得到发扬，但流毒并没有完全肃清。我们现在的英雄人物，如果宣传得不好，如果依然用那种好人好到底，三代皆好，从小就好，"坏人"总是从小就不是好东西，"头上生疮，脚底流脓"，这一套腔调，对读者就没有说服力。

我们认为，新闻报道也不能进行"纯客观"的"白描"，作者总要以一定的立场观点来处理采访所得的情况，才能写出新闻。但是，如果忽略"真实是新闻的生命"，出于宣传需要而任意拔高思想，渲染夸大事实，只能是拔苗助长。1982年，上海就出现了一件这样的事：某报报道一个人下水救人。事实上，周围有不少人明明看见此人是走下水去拉了一把，报上却说是奋不顾身地跳入水中，努力挥臂游过去，把那人托救上来。如此违背真相的报道，使该报在群众中的威信大受影响。后来，发现报道夸大了事实，还不更正，继续宣传，这连某些被斥为"资产阶级报纸"的做法都不如。这样的事例，在我们的新闻宣传中恐怕依然还有相当大的比例。所以，拨乱反正，肃清流毒并不是那么容易的事，而是一项长期艰巨的任务。中共十一届三中全会的精神就是要实事求是，解放思想。我们的新闻宣传，要尊重事实，强调事实，通过事实本身来体现立场观点，充分注意实事求是。这，就是新闻事业的第二条基本的客观规律。

新闻传播工具对接受者无强制性

新闻传播，对于它的受传播者没有强制性、拘束性。新闻不同于教育。教育的传播，可以由教师对学生的提问、测验和考试来评定。教师可以把分数给得少，可以对不接受传播的学生给予处罚直至开除。这说明教育的传播有约束性和强制性，新闻传播又叫大众传播却不可能如此。

新闻传播也不同于法律、公文。国家的法律，政府各级部门的公文，都带有强制性和约束性，不接受，就要被处罚。但是，我们的报纸、广播、电视，对于传播对象就没有强迫性、约束性。电视开了他可以看也可以不看，对广播他可以不听，他可以订报也可以不订，即使公费订阅，他也可看可不看，或者看了也将信将疑，不会在头脑里生根。因此，新闻传播就需要讲究艺术技巧，使人们对传播工具有信任感，乐于接受。

最近，一位党和国家领导人在六届人大一次大会上说：我们的文学艺术以商品的形式出现，但必须时刻牢记共产主义的目标。

报纸也是以商品的形式出现的。过去，复旦大学的王中①同志提出报纸有商品性的问题，反右时期被大批特批。现在证明他的见解是正确的。报纸不同于传单一类的宣传品，可以无代价送给人们。它是以商品形式出现的，没有约束性。读者可以订阅，或者拿五分钱买一份报，他也可以不拿出这五分钱。另外，即使他买了报纸，也可以不看，看了可以不信。这说明，报纸是不能强迫别人阅读更无法强迫读者信任的。"文革"时期，"两报一刊"的社论，规定为必读文件，但绝大多数读者，只被迫阅读，照样画"符"，像过去的老婆婆念经一样。

20世纪80年代初，波兰为了取缔团结工会，在报纸上大造舆论，在电视里反复演播，但人们不感兴趣。政府通知某天要开会宣布有关指示。到那天，凡是同情支持团结工会的人都走

---

① 王中（1914—1994），原名单勣，山东高密人，新闻工作者、新闻学学者。1935年考入山东大学外文系，1936年加入中华民族解放先锋队。1940年后任《大众月刊》、《大众日报》、新华社山东总分社、《新民主报》等编委、编辑部主任、总编等职。1949年任上海市军管会新闻室军代表、秘书股长，参与接管上海的新闻出版机构，参与创办华东新闻学院，任教务长。后任复旦大学党委常委、统战部部长、副教务长、图书馆副馆长、政治理论教学委员会主任、新闻系主任，上海新闻学会副会长等。著有《新闻学原理大纲》。——整理者注

向街头，拒不观看会议电视，以离开家门表示抗议。此事的曲直且不论，但从这个例子可见，新闻传播没有约束力，不能用司法手段或政治手段去强迫别人接受。

所以，单单凭中央指示，行政命令，不讲究新闻艺术，即使这些指示和命令是正确的，报纸也有可能吸引不了读者。要使报纸、电视、广播有人看，有人听，把你当成知心朋友，一天也不能离开，这就要从新闻传播的立场、态度，到写作的手法，编排的艺术等一系列问题上下功夫。

从近代报纸产生起，中国的报纸已有一百二十多年的历史。19世纪，就在南洋一带传来了最早的现代中文报纸，是知识分子办的。中国的报纸继承了史家的一些传统，在许多不正常情况下，一些报纸也能坚持说真话，揭露真相，出现了不少可歌可泣的优秀记者。在办报的长期实践中，他们摸索和体现出上述的基本规律，使报纸得到了读者的信任和热爱。

基于报纸本身的规律，我认为应该打破长期流行的一个经典说法：报纸对读者的关系是教育者和受教育者的关系。当然，读者能够通过报纸受到教育，但这与进学校不同，不应该强调这方面。过去常说教育人者先要接受教育，新闻记者更需要接受读者的教育。把读者看作学生，编辑、记者自命为教师，这个态度就有点居高临下，很不恰当。这样容易变成空讲大话或以势压人，把报纸变成强制的、约束的工具，而不是用事实来打动、说服别人，就不会收到什么好的效果。什么事都要讲群众观点，不能自封为诸葛亮，把群众当成阿斗。搞大众传播工作的，更应注意。

我认为：报纸与读者应该是朋友的关系、平等的关系。报纸不能用压制、强迫的态度，不能用板着面孔训人的态度来对待读者，你自以为是诸葛亮，教育者，人家不会买这个账。我们只有平等相待，充分地摆事实讲道理，注意提高报纸的吸引力、说服力、感染力，增强新闻的技巧性和艺术性，人民群众才会欢迎你的报纸，自觉自愿地阅读，相信你说的每一句话。不仅如此，还会从内心受到鼓舞，转变成行动，积极地投身于现代化建设，听从党和政府的一切号召。

总之，新闻事业是以报道新闻为主体，以新闻来进行宣传；新闻有立场和角度，但必须建立在事实的基础上，由事实所派生；新闻传播没有强制性、约束力，所以需要用平等的态度，实事求是，增强艺术性，拨动别人心灵的琴弦。

怎样认识和掌握新闻宣传的客观规律，按照规律来改进我们新闻工作的方式方法，争取最大的宣传效益，应该提到我们的日程上来。这也是我们新闻事业开创新局面首先要研讨的课题，是讲求新闻艺术的指路明灯。

新闻宣传是否还有其他规律？我们可以共同讨论，可以在实践中摸索总结。但是，我认为上述基本规律是必须遵守的。如果当成老生常谈而掉以轻心，如果因为看似简单而不加重视，如果不在新闻实践中牢记这些客观规律，顺应规律来发挥主观能动性，我们就会步入深山而迷失方向，问道于盲，南辕北辙，受到客观规律的惩罚。

二、新闻记者是一个光荣称号
——新闻记者的品质和学养

在我们中国的社会里,一切工作为人民服务,都是光荣的。新闻记者是在宣传第一线工作的,更光荣。就像在国防前线上的战士一样,是一个很光荣的职称。

本讲命题有两层意思。一是记者是光荣的,为什么光荣;二是新闻工作者都是记者,这也像我们解放军,从司令员到列兵,都是光荣的战士。战士一天也不能忘记战斗,要天天磨刀、擦枪,勤于训练,严密训练、守备。新闻工作者也一样,不论是总编辑还是一般采访人员,都是记者,每时每刻都不要忘掉手中的笔,勤学苦练。记者要具备一定的品质和学识修养。这问题,根据我自己几十年的体会和所见所闻,谈谈自己的认识。

新闻记者的任务艰巨且光荣

我们的使命,是遵守宪法和法律,宣传马列主义,宣传毛泽东思想,宣传共产主义理想和道德规范,宣传中国共产党的路线和方针,宣传政府的法规和各项措施,可以说站在思想斗争的前线。一方面,报纸是党和政府的喉舌、耳目,要宣传和转达好有关内容,了解社会实际和人民大众的愿望;另一方面,报纸也是人民大众的喉舌和耳目,人民通过报纸来了解情况和发表意见。所以,记者既是中国共产党的喉舌和耳目,也是人民的喉舌和耳目,担负着非常艰巨但也是非常光荣的重任。

我不同意报纸是阶级斗争工具的说法。因为过去几十年来强调这个"工具论",矛头总是针对知识分子的,是针对所谓的资产阶级知识分子,后来,矛头也针对党内的知识分子。历次运动,知识分子都"在劫难逃",在报纸上被反复批判。在"文革"期间,更升格成为"无产阶级专政的工具",连为革命身经百战的老将军,老干部,也被列入"工具"的对象,而加以"专政"了!中共十一届三中全会以来,知识分子获得政治上的平反,已经成为工人阶级的一部分,属于依靠的力量。在这种情况下,怎么能再把他们视作异己,运用阶级斗争的工具呢？怎么能再把矛头还在他们面前晃来晃去呢？

当然，我们知识分子中，有些人头脑里可能还有极"左"思想的残余。有时候，极少部分同志有些所谓的资产阶级自由化倾向，还可能犯这样那样的错误，报纸也应该对这些进行批评，就像对工人、农民和干部中出现的错误倾向作批评那样。要适应新时期出现的新情况，无论是干部、工人和农民，还是知识分子，都有一个在现代化建设的实践中提高思想，改造世界观的问题。报纸应该调动一切积极因素，为建设现代化，振兴中华做出贡献，再强调说报纸是阶级斗争的工具，不适合我们今天的实际，也不利于推动新形势的发展了。

再则，我们有了社会主义的法制和民主，违反了四项基本原则，就是触犯了宪法，就可以对他起诉，这是一个特殊的问题。至于在人民内部出现了不同的意见或分歧，则主要是开展批评和自我批评。这都说明没有必要把报纸作为阶级斗争的工具。

并且，过分强调报纸的阶级斗争性质，很容易被坏人利用。"四人帮"不就是把它从阶级斗争的工具变成全面专政的工具了吗？其实，报纸不等于司法部门，也不是公安局、法院，起不了那样的作用。

记者不是用报纸搞阶级斗争的，而是在党、政府和人民之间起沟通作用,把各种情况上传下达,互相沟通。记者是党、政府和人民之间的桥梁,宣扬好人好事,揭露和批评有害于两个方明建设的消极现象和黑暗面。任务非常重大,也很光荣。

记者是当代的历史家

前面谈到记者是党和人民的喉舌和耳目,要发挥桥梁作用,使人民更正确地理解党和政府的方针政策,党和政府能及时地了解人民的思想感情和各方面的情况。通过报纸,使党和人民更加心贴心。另外,记者还应该真实准确地反映出当代的情况,发挥当代史家的作用,成为当代的历史家。

邓小平同志讲过,中国要建设成有中国特色的社会主义现代化国家。各国有各国的具体环境和条件,各国有各国的特点和特色,不能去生搬硬套,脱离本国的实际。所以,我们建设有中国特色的社会主义现代化强国,既同西方的那些现代化国家有本质的差别,也与其他社会主义国家不相同。而是根据本国的国情,具备鲜明的中国特点的社会主义现代化强国。

从这个要求来讲,我们的报纸就应该是带有中国特色的社会主义报纸。这也是由宣传内容决定的。

为此,我们必须认识和理解中国报纸的传统。去伪存真,去粗取精，批判地继承和发扬那些优良的传统。

传统之一，就是中国史家传统。过去称孔子的《春秋》是一句一字都包含着褒贬之意。早在春秋时期，就出现了坚持写事实真相，宁可被杀害，也不昧着良心说假话的史官。文天祥的《正气歌》说："在齐太史简，在晋董狐笔。"就是以史官的刚直凛烈的浩然正气来激励自己。董狐是晋国的史官，他不畏权势，秉笔直书，故历史赞扬他是古之良史，"书法不隐"。齐国的太史更值得称颂。齐崔杼杀害国君，太史就在竹简上记下"崔杼弑其君"。崔杼将太史杀害，太史的两个弟弟仍然坚持这样记载，又被杀害，到太史的第三个弟弟捧着竹简来记载这段历史时，崔杼只得由他写去。这个流芳千古的太史之简，董狐之笔，正是中国史家尊重事实的光辉典范。

中国之所以有一套完整的二十四史流传下来，一是有一批优秀的史官，二是几千年前就定了一个很好的制度：左史记言，右史记事。左史、右史，是皇帝身边的两个史官，各有分工，把皇帝、大臣所说的话和朝廷的重要事情都记入史书中。他们的记录，皇帝本人也不能看。《唐书》记载：唐太宗问史官要记录看，史官说不行，这是历代祖宗规定下来的。唐太宗也只好不看。因为有这样的规定，就保留下很多可靠的历史文献。后来又形成一个惯例，前朝的历史由后一朝修，以避免隐恶溢美，歪曲历史的记载。二十四史里，包含着几千年的政治史、经济史、外交史、文化史、交通史等等，我们可以从中得到许多宝贵的资料。

人们习惯于称鲁班是中国工匠的祖师爷。假如我们新闻记者也要有"祖师爷"，我认为应推两"司马"——司马迁和司马光。

司马迁父子都是史官。司马迁父亲司马谈在临终时把自己著述历史的理想和愿望遗留给司马迁，司马迁热泪横流，回答说："小子不敏，请悉论先人所次旧闻，弗敢阙！"后来，他于著述期间为李陵抱不平，惨遭宫刑，身体残废，仍然发愤著述，终于完成《史记》。

《史记》是中国史学上一座高耸入云的丰碑，是一部"究天人之际，通古今之变，成一家之言"的伟大著作，是第一部记载我国上古至汉初三千年政治、经济、文化等多方面历史发展的纪传体通史。

司马迁具有史家的优良品质，"不虚美，不隐恶"，完全不惧权势，坚决写出历史真相。他是汉武帝时代的人，但他却敢于揭露汉高祖虚伪、狡诈的无赖品质，写他的贪财好色和猜忌功臣。相反，项羽失败，《史记》却肯定他好的方面，对于被汉高祖杀害的韩信，他也寄予满腔同情。尤其可贵的是他对于当时——汉武帝时的朝野大事，同样敢于大胆直书，忠实记载。例如名将李广保卫祖国的边疆，累建奇勋，却得不到汉武帝的重用，最后被包围而无援兵，造成"引刀自刭"的悲惨结局。司马迁对他寄予满腔同情。另一方面，对汉武帝重用的贵戚卫青、霍去病等，却在字里行间，用了贬词，对汉武帝腐化的私生活也如实记录和提出批评。《史记》虽然是一部史书，但记载当代的皇帝大臣，在是非上却毫不曲折含糊，这是非常不容易的。

另外，司马迁在每篇"本纪""世家""列传"的后面，写一段"太史公曰"，对此人此事，做简要概括的评议。这也可以说是为后代的史论、新闻评论开创了先例，树立了典范。

新闻事业的另一个"祖师爷"司马光，用了几十年的工夫才编写出《资治通鉴》，开编年史的先河。《资治通鉴》取材于数千年流传下来的正史、野史、文集、笔记、碑志等各种资料，删繁就简，去伪存真，将历代重大事件编入这部巨著中，态度极为严正。书名《资治通鉴》，目的是希望皇帝、大臣都了解历史，以历史为鉴，以古人为鉴，借古喻今，把国家治理好。所以，他写的虽是旧闻，着眼则在"资治"，运用夹叙夹议的手法，在紧要处写上一段"臣光曰"的评论文章，阐明意义，总结教训，提出治理国家的个人看法，不失为一个卓越的新闻工作者，是中国新闻评论家的祖宗。

明末的王夫之撰写《读通鉴论》，就《资治通鉴》所载的重要史事，逐条加以评论，每篇都有自己的见解，而且言之有据，并非标新立异。他还有一部《宋论》，对史书所载的宋朝大事加以批评。这两部书的内容之精辟，文字之简练，都为史论增一异彩。这两部书，我希望大家都读读。过去，我们写新闻评论的人，没有不读此书的，有的几乎能背下来。因为从书中的立论，到怎样推理，怎样展开问题，揭露和分析矛盾，直到文字的精确凝练，都可以借鉴，值得学习。

中国史家很有骨气，很多人坚持秉笔直书，坚持真理。当然，他们有一个封建标准。尽管他们有历史时代的局限性，但我们用历史主义的眼光来看待，史家对历史负责，保持立言者的良心，坚持正义，"富贵不能淫，贫贱不能移，威武不能屈"的高风亮节，是非常值得我们借鉴继承的。他们"不虚美，不隐恶"，政治高压和金钱收买不能改变其观点，生活贫贱处境艰难而不停笔。有的史家写了书，不能出版，因为不符合统治者的观点和世俗的见解。怎么办？他宁可当时不发表，"藏之深山，传之后世"，深信总有一天会有用的。这样的事例很多。如《史记》在作者生时就没有发表，司马迁逝世很多年，才由他的孙子公之于世。有的史书，直到几百、几千年后才与人们见面。

过去有句话：立德，立功，立言。不能在道德修养上成为百世楷模，就努力为国家建树奇勋伟业，再不行，就著述立言，以求有所贡献于国家民族。即使立言触犯权贵，不合时宜，不能发表，也绝不改变主张，而是着眼于传之久远。对人民负责，对历史负责。

以上所说的，就是中国史家的优良传统。

在民主革命时期，也有许多优秀新闻工作者，开创一代风气，在任何情况下都要宣传他理解的真理，绝不改变自己的主张。像梁启超，宣传改良主义，主张富国强兵，办了《新民丛报》《清议报》，倡导变法维新，以后被慈禧太后镇压下去了。1903年，十八岁的邹容写出《革命军》，痛斥腐败的满清王朝，号召推翻清廷。章太炎就在《苏报》上著文热情推荐，还写了一封驳斥康有为的信，矛头直指慈禧和光绪。因此，两人被租界当局逮捕关押，后来邹容瘐死于狱中。再如丁右任、宋教仁，前赴后继办的"三民"报——民呼、民吁、民立报①，发表的政论颇具卓见，很有胆气，对辛亥革命起了很大的推动作用。

所以，我们中国报纸是有自己的传统的。要搞中国式的社

---

① 民呼、民吁、民立报：指《民呼日报》、《民吁日报》和《民主报》。——整理者注

会主义报纸，应该批判地继承这种斗争传统。这与西方不同，英、美国家有些是资本家出钱办报，少有生气。但西方也有许多是政治家办报、知识分子办报，有许多积极的，可以为我们借鉴的东西。

我过去说过：文人论政是中国报纸的传统之一。从王韬到梁启超，到张季鸾等，都是这样。他们没有机会从事政治，有的根本不愿从政，但有评论政治的权利。他们办报，背后都没有资本家，而是要宣传富国强兵，用今天的语言就是盼望中国实现现代化，借报纸发表自己的主张。辛亥革命后，黄远生也是这样。他的主张与孙中山有分歧。他的文字很优美，采访很有一套，想方设法揭露袁世凯专制的内幕，很受群众的欢迎。后来，袁世凯花了一大笔钱，在上海办《亚细亚报》（上海版），想强逼黄远生当总主笔，黄在报上声明拒绝，并摆脱特务的跟踪，偷偷跑到美国。可惜，大概那里的爱国华侨不知他的真实态度，就把他暗杀了。也有人说是袁世凯的"筹安会"派人暗杀了他。邵飘萍，也是进步记者。他追求真理，坚持正义，宣传民主，最后被奉系军阀杀害。抗日战争时期，上海有不少记者献身于为国为民的正义事业。如朱惺公文笔犀利，痛骂汉奸，还把汉奸寄来的恐吓信登在报上，声明自己是堂堂正正的中国的报人，绝不改变抗日的立场，结果不到两个月，被汉奸暗害于去报社的途中。这样的类似情况，进步记者常常碰到，但仍然在威胁恐吓中不屈服，坚持抗日救国、反对日寇和汉奸的斗争。

中国没有"无冕之王"，没有像美国李普曼那样的人。因为国情有别。但即使如此，仍然有文人论政的传统。

我过去办报的老师张季鸾，是那个时代颇受国共两党尊重的人。他辛亥革命前从日本回来，就是《民立报》的记者，一直坚持斗争。他对新闻事业非常热爱，完全是一往情深地从事新闻工作。他尽管对同盟会是完全赞同的，但认为记者不应该参加任何党派，就把孙中山总统府的秘书职务也辞掉了，仍然在北京当记者。他曾经因为揭发袁世凯秘密大借款来镇压革命党，被袁的特务机关抓起来，关了三个多月。第二次是段祺瑞以参加世界大战的名义扩充军队而举借外债，他又把事情的本相揭露出来，被段祺瑞关了半个多月。所以民国时期有句话："记者不坐牢，不是好记者。"张与冯玉祥和胡景翼有历史交情，关系很好，让他当官，1924年，胡当河南督办，请张当陇海路会办，相当于一副局长，这是一个很"肥"的官，但他当了几天就辞掉了，声称宁愿做穷记者。他生平不喜当官。

张季鸾先生的社论写得很好，在《中华新报》写的社论，每篇都被外国通讯社转发。他颇有胆识和魄力。列宁逝世时，他写了社论《列宁逝世》，时在1924年初，当时国内的知识分子对列宁没有多少认识，同情的人更少。但他说：过去所有的中外领袖，都是为一个国家着想，只有列宁是为全人类的。不管他的想法对否，能把列宁和中外古今的伟大人物相比，则显示了他的胆识和眼光。1927年蒋介石清党，杀害很多人。张写出一系列社论，坚决反对杀害青年。他说不管青年的思想是"左"倾还是右倾，但敢于在前面冲锋陷阵，敢于冒生命危险去斗争，都是民族的精华，屠杀青年就是民族的罪人。当时，其他报纸都在歌颂清党，赞美屠杀，他能写那些社论，是很有胆量的。但"九一八"以后，蒋介石以"礼贤下士"的姿态对待他，吹捧赞扬他，向他请教，采用不少手段，他就鼓吹国家中心说。盖棺论定，他没为蒋出过什么不好的主意，还主张团结各党派抗战，与反对团结、破坏团结的有些御用文人，显有不同。所以，他还是一个爱国者。他死后，毛泽东、周恩来等多位中国共产党领导人都致了悼词，称张是"功在国家"的"报界宗师"，肯定他是一个爱国的，坚持抗日的卓越报人。他所主持的《大公报》是爱国的、抗日的，培养了很多人才。他们对张的评价是客观和一分为二的。

我们说中国新闻界，包括历史家，都具有优良的传统，这是大体而言，从主要方面看的。任何事物都可以一分为二，中国报纸过去有不少办得差。在晚清和民国，有人说新闻记者是

"文人末路"。那是因为有相当一批报纸属于消遣性质，不少报人写点歪诗，敲敲竹杠，属于鲁迅所讲的流氓加文人。报纸在民国时期的最高销量是上海《新闻报》的十八万份，其中还有"水分"，是约定某一天请一个会计师来看印报机上的数字的。听人传说，有不少报纸并没卖出，转到北京路旧货摊去了。民国时期报纸能销到五万份就算畅销报了。不少地方性报纸只有几千、几百份，是靠政治方面资助或敲诈维持的；这是不好的一方面。但主要的方面，则是中国的新闻界接受了史家的传统，尊重事实，追求真理，敢于斗争，为国为民，为争取国家的富强和自由而坚韧地奋斗，有的不惜流血牺牲。我们这代新闻工作者，应该有选择地继承这些好传统，以建设有中国特点，中国特色的社会主义报纸。

凡是人民和政府一心一德，国家就能强盛。这中间，记者的作用是很大的。其次，记者应该有这样的抱负：做一个现代史家。历史是过去的新闻，新闻是今天的历史。每一个新闻工作者，都要把自己看成现代的史家。将来的历史，很多素材来源于现在的报纸。如果我们歪曲了事实，报纸出了问题，将来的历史也就被歪曲，受到影响了。所以，我们应该向国家负责，向人民负责，还要成为今天的史家，对历史负责。

记者的职位不分高低

记者的称号等于一个战士的称号。解放军从司令员到列兵都叫战士。新闻记者从社长、总编辑到一般的编辑、练习记者，都是在新闻战线的岗位上，都应该称为记者。就像战士是一个光荣的称号，记者同样是光荣的称号。记者的职位不能分高低贵贱，都是平等的，都是光荣称号。过去，不管写通讯或其他文章，都署名本报记者某某，而不是把总编或其他称号登出来。我们的武器与战士不同，是依靠手中的笔——将来，要用电脑打字机和其他先进传播媒介，但仍然要用脑子。运用工具，像战士运用最新武器一样。总之，记者也一天不能放松手中的武器。

前面曾讲到张季鸾先生。他五十多岁即因肺病而逝世，但一直没有停笔，临死前一周，还为桂林《大公报》写电讯。我看他身体那么坏，仍然在考虑问题和写作，就劝他休息，他说："我是一个老记者，如果不记，不就只是一个老者了吗?"这说明当记者，就要一息尚存，始终"记"下去。过去的很多优秀记者都是如此，一生没有停下手中的笔。邵飘萍被抓被杀害之前，仍然每天写社论、通讯。飘萍先生对中国的新闻采访有特殊贡献，所著《新闻学总论》和《实际应用新闻学》到目前仍是比较好的书，其中有对新闻采访的精辟论述。另外，其他老的记者，即使是总编辑，也都经常写东西。我在报界当了二十年总编辑，在家里主要写社论，改标题，一出门，不管是因私事还是因公，看到有价值的，就写通讯。现在，比如到北京，总要把所见所闻所感受到的，给外埠报纸写通讯，每周二三篇，从不间断。尽管我现在年岁高，见闻窄，但养成了这样的习惯。当然，1957年以后，我二十年没有发表东西。但打成"右派"被剥夺发言权以前，还在写《访苏见闻》连载，每天几千字。后来不准我登，写好的还没有用完。粉碎"四人帮"，让我能发表东西，我又开始写通讯，写其他文章，近几年写了几百万字。

记者的武器是手中的笔，只有经常磨炼，才能越使越做到得心应手。当然，不能为阴谋家歌功颂德，要珍爱自己的武器，不能滥用，糟蹋手中的笔。在政治气候恶劣的情况下，可以与其他东西磨炼自己。我在出版界工作时期，不让我写书、编书，要我核对资料。我就利用这个机会，广泛阅读书籍，写了很多读书杂记，并且钻研了不少词汇。

很清楚，不练不写，知识容易老化，容易淡忘，好的见解会成过眼烟云，从头脑中消逝。经常看、写，笔就会越加驯熟，状物叙事，传情达意，皆可得心应手，应付裕如。同时，我们也应该牢记，新闻记者，就是要记要写，要坚持真理，改正缺点，反对谬误。

中国共产党的新闻工作者中，有很多同志值得我们学习，例如邹韬奋、范长江、邓拓等等。我很钦佩邓拓同志。他能深刻理解中国共产党的方针政策，认为不对的，就在《人民日报》的社论中写出来，如在贯彻"双百"方针时，就写了一系列的社论，拥护和支持开展"双百"方针。他博学多才，出门也要写通讯，写诗词。以后"左"的思潮越来越严重，他被迫离开《人民日报》，到北京市委当书记，似可以不写东西了，但他照样写。不写社论，就写杂文，写《燕山夜话》，同样有他的风格、特色。老实说，他虽然受到诬蔑，但文章确实有风骨。是借古讽今，出发点是希望领导从古代掌故中吸取教训，看到危险，改正错误。这在当时的情况下，是非常难能可贵的。我认为《燕山夜话》这类书，定能传之后代，流芳百世。我们新闻工作者，应该永远把他们当成学习的榜样。

还有一个很使我佩服的是恽逸群同志。我们在20世纪30年代就互相认识。他30年代初开始做记者，此前一直是中国共产党地下工作者，当过萧山、宜兴和武进的县委书记，后来受潘汉年同志领导。1927年曾被国民党逮捕，经营救出狱。抗战时钻到敌伪心脏里搞新闻工作,1944年又被日本宪兵逮捕,关了好几个月。解放初期"三反"运动中被停职并开除党籍,1955年又因潘汉年案发生被株连坐牢十年,1965年因身体不好,被保外工作,在苏北一所中学里管理图书。"文革"中更被打入"十八层地狱",所受的折磨,自不待言。在如此恶劣的处境之下,他仍然没有改变新闻记者应有的品质和节操。过去他多年当新闻记者,博闻强识,读书广泛,记忆力也非常之强。他于1948年在华中解放区所写的《蒋党真相》一书,主要靠记忆,把四大家族发行多少钞票,通货膨胀变成怎样的天文数字,内幕情况如何,都凭记忆写出来,在解放区发生了很大的作用。1948年公布国民党43名战犯,这43人的简历全是他凭记忆写出的。"十年浩劫"时他在那所简陋的中学里,悄悄写了很多文章,我看了其中的三篇,内心非常佩服。一篇是《平凡的道理——略谈个人崇拜》,一篇是《也论儒家与法家》,还有一篇是《关于〈李白和杜甫〉致郭沫若书》。都是很尖锐的大题目。那时候个人迷信最盛行,什么万寿无疆,早请示晚汇报等等,搞得人头昏脑涨,他却敢评论这可能是"文革"时期中国第一篇直接反对个人崇拜的文章。后来,搞"评法批儒"运动,把历史人物、现代人物都划成谁是法家,谁是儒家,他仍坚持写出自己的观点。还有,郭沫若这样一位享有盛名的权威,由于政治气候的影响，所写的《李白与杜甫》，其中有不少观点却是不正确的，很多人都有看法。我当时在"五七干校"，也有看法，却只是保留在心中。但恽逸群同志却观点鲜明地写出文章，在没有资料的情况下，他能够背出李白、杜甫的诗，分析解释哪一首诗，郭沫若是断章取义，解释错误，他认为从上下文和创作时代环境看应如何理解，一篇一篇地分析，非常有说服力。

恽逸群同志能够这样做，原因是没有忘掉自己的记者职责。他是一个光荣的记者，光荣的战士。尽管遭受二十多年的屈辱和迫害，他仍不改变记者的立场观点，写出那样掷地有声的文章。我后来看到他给一位朋友的信。信中说：我这二十余年的遭遇，一般人很难想象。但我不把这些放在心上。问题是我所经历的挫折，摔的跤，比一般人走的路还长，我有责任把我认为错误和偏差的东西都要记下写出，使这种悲剧不再重演；我们的国家，也经不起再来一次这样的悲剧了。看，他把自己的一切都不计较，想到的是中国共产党的前途，国家的前途，充满了信心和责任感，何等值得我们学习！

我参加《辞海》的工作，主张应该为他列一个条目，大书特书。但三中全会以前定的稿，力争的结果得不到赞同。《辞海》中的一个优秀新闻工作者只有邹韬奋，其实，他新闻工作做得不多，是一个杰出的出版工作者。"四人帮"垮台后，修订的《辞海》加上了范长江、金仲华。这两位都是杰出的。后来我们力争，又加了邓拓，但恽逸群仍没写上去。我对这个问题很有意见。论品质，论贡献，论新闻工作的成就，恽逸群同志都应该上《辞海》。他的社论、通讯，不但精密严整，行文优美，受人欢迎，而且写得非常之快，我们都称他为"快手"。

总之，作为一个记者，不管是什么处境，不管在什么时候，无论如何不能丢掉"记"。

解放初期，这个传统还存在。如范长江、邓拓同志仍然于百忙中坚持写。后来，大概新闻工作的框框越来越紧，这个传统逐渐丢失。现在，不要说总编辑，做一个部主任也很少写东西。这个风气应该改变。因为你的地位越高，比如是采访部主任，就比一个普通记者了解的情况更多。你是总编、编委、主任，就可以参加一般记者不能列席的某些会议，你对中国共产党的方针，政府的法令条例可以了解得更深更全面，站的角度更高，写出来的报道、文章就更能说服和吸引读者。如果不写，就是对中国共产党的事业，对人民的事业的损失。这一点，我不太敢讲，讲了可能会得罪当领导的老朋友。但我觉得要拨乱反正，开创新局面，还是应该有这个提倡。

在部队里过去有个好传统，司令员、老将军下连队，还要当普通一兵，和战士一起练武，互教互学。当然，新闻领导要主管全面、重要的问题，不用经常到第一线采访，但有机会时写一些重大稿件，做示范，让一般的记者学习，可以更好地突破框框，真正高质量地宣传中国共产党的方针政策。比如，召开全国人大或全国政协，就有不少老新闻工作者出席。当然不能暴露会议机密，但对于大会的精神，这次大会与上次的差别，参加大组小组会的体会等等，总比一般的记者了解更深，可以写出质量高、有深度的文章来。但是，近几年来我很少看到这样的文章。

前面曾提到总编到一般编采人员都是记者，等于是解放军从司令员到列兵都称战士一样。我们的武器是笔，在新闻领导岗位上，光动嘴不动笔不行，要经常动笔写评论、写标题。总编要起示范作用。我讲点老经验，过去我在《大公报》《文汇报》当总编，要做以下几项工作，一是分稿件。国内外通讯社的稿件，投寄本报的稿件，都要摆在总编的面前分，把一些重要新闻，尽管是本市的，由于分量重，也要摆在头版、二版。分稿，还可以了解整个时局当天的总情况，供写社论参考。我们那时写社论，都要抓当天最重要的问题。第二项，重要版面的标题由总编辑写作。因为重要新闻的题目，代表报纸的面貌、态度，站在什么立场。读者要从标题上看你的倾向性。所以，主要标题一定要总编辑标，否则，可能与社论打架或出现矛盾。社论对一件事拥护，标题却不怎么拥护甚至反对，读者就会看笑话。第三项，检查废稿。国际版、国内版的都查，恐怕一般编辑把他认为不重要的新闻丢掉了，或把大的新闻变小了。尤其是抗战的新闻，有的认为不重要而漏掉，总编却可以知道，有的新闻从表面看不重要，却是很有生命力，很有发展前途的，应该拿回来放上版面。第四项，看大样。总编辑最后审定，每张大样都要看。这样，就不会因疏忽而发生错误。

最近，我读到雷洁琼同志写的下关事件回忆文章——当时，她和马叙伦等一起去南京，在下关挨了特务的毒打。她说当时态度最明确支援民主运动的是重庆《新华日报》和上海《文汇报》。的确，我们当时是冲锋陷阵。虽处于严重压迫和受围攻的地位，却靠在标题、言论、新闻报道、副刊各方面既坚持立场，又运用技巧，使读者觉得这张报纸有分量，坚持民主，反对独裁和内战，判断公正，对他有启发。我们说出他们心里想说的话，而又态度亲切，是他们的知心朋友。就是凭这些来争取读者。所以，在民国时期我当总编时，非得自己上阵。而且，有机会外出，碰到一个消息时，总要打电报回编辑部或者写成通讯，总没有忘掉自己是一个记者。当时的记者没有星期日，只是过年放三天假。做一个总编辑事更多，经常熬夜到天明才能回家。《文汇报》编辑、经理两部分,那时只有六十多人。我在香港《大公报》工作时,编辑部和营业部的总人数只有三十九名。人数虽少,却很精干,在家是编辑,出门当记者,从总编到下面无不如此,所以工作效率非常之高,报纸办得有自己的特色和活力。

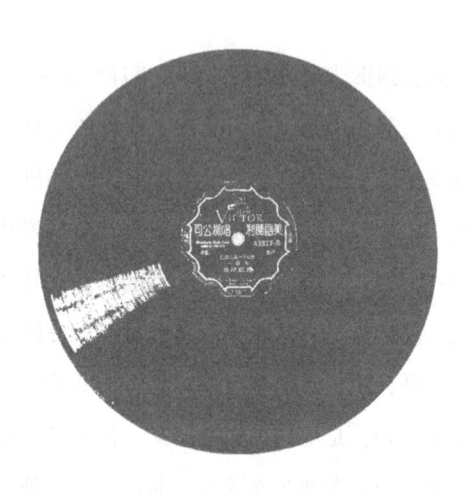

三、新闻艺术的魅力
——可信性、可读性、可感性

前面谈新闻的基本规律时曾指出：报纸、广播、电视等新闻传播，对接受者没有约束性、强制性。那么，它们是依靠什么来发挥力量？怎样使人民大众喜欢读、喜欢看、喜欢听，使人们接受你的信息、意见，同意你的分析、判断和主张呢？这就需要讲究新闻艺术，依靠新闻的可信性、可读性、可感性来发挥作用。以报纸来说，一张好的报纸，无论是报道、评论、标题，都应该力求吸引读者，紧紧抓住读者的心灵，使他们看到报纸就好像遇到无话不谈的知心朋友，或像看到一桌色、香、味俱全的筵席一样，非一口气尝够、读完不可，不读完就好像觉也睡不好，吃饭也不香。好的报纸就有这种魅力。

可信性

可信性是报纸的生命力,报纸是依靠真实性生存的,不真实,就谈不上可信。要使读者相信报上登的都是真实的,可靠的,而不是浮夸虚假的,报纸才能在读者心目中建立可信性,吸引和抓住读者。

在国际上,可信性的问题同样重要。一般讲,西方有些报纸带有偏见,有浮夸和虚假的东西。但是,有些新闻机构比较注意真实,因而建立了自己的信誉。路透社是以传递股票和交易信息起家的,它传播的新闻一般比其他通讯社或其他报社的要真实可信一些。第二次世界大战中,许多新闻机构总是夸大敌方的伤亡数字,缩小自己的伤亡数字。大战结束后,人们统计路透社历年、历次报道的敌军与协约国军队的伤亡人数,与实际情况相当接近,不像其他通讯社那样悬殊。这样,它就在读者中更加建立了信任性。我们以前编报,关心国际新闻,首先考虑路透社的,然后才考虑其他通讯社的。当时,我们还没有自己的特派员到外国去。

共产党的传统是实事求是。在解放战争中,每个战役后都要清点尸体,然后根据清点的数据报道,因此只会少不会多。

当时我在国统区，听到一般老百姓的反映，都说新华社的数据比较可信，不像国民党总是夸大、造谣。照他们报纸的说法，某次又炸死了谁，毛泽东同志、朱德同志不知"死"过好几次。而报道伤亡的数字尤其如此。什么克复延安消灭了多少万人，在某个战场围歼共军多少万，人家根据中央社的消息计算，共产党的军队都该消灭光了，怎么反而会越打越多了呢？这样，老百姓对它就失去信任，从反面来看国民党的报纸。报上讲鲁南大捷，那一定是鲁南吃了败仗。老百姓就会得出这样一个结论。

过去，有个叫狄楚青（名葆贤，号平子）的老报人，办《时报》，是中国报纸注意文教新闻报道的开端。从政治新闻到社会新闻，都比较有内容。当时《时报》有徐凌霄的以"彬彬"署名的"北京特约通信"，《申报》有邵飘萍的署名飘萍的"北京特别通信"，张季鸾以"一苇"署名在《新闻报》写的"北京通信"，这些，我都如饥似渴地抢着看（当时我还刚进中学）。徐、张的通信写得非常生动，而且很真实，把北京政界的情况、内幕，分析得清清楚楚。邵的通讯，也很有文采，流畅易读，每有独得的内幕新闻。《时报》还有一个驻日本的记者鲍振青，写的消息也比较深入。鲍很爱国，"九一八"以前常给外交部写一些情况，说日本军队的激进分子有可能向中国动手，希望中国要注意。"九一八"日本真的开始发动侵略了,蒋介石感到很突然,就问当时的外交部长王正廷:东京不是有搞情报的人嘛,你们外交部怎么事前一点没有消息?王回去一查,鲍几个月来寄来的信,都未拆封。拆开一看,原来什么有关消息都有:日本内阁的动态、各派的动向、告急的消息等等都有。可见当时国民党政府的腐败和官僚误国。

在狄楚青主持时代的上海《时报》曾经主要靠新闻,也靠评论,短小精辟,风行一时。胡适就曾说过:他年轻时受影响最大的是《时报》。顾颉刚在1947年春和我的一次谈话,给我留下很深的印象。他说:中国的报纸,每一个时期总有一种报纸作为舆论的中心,大家所信任,尤其是知识分子,各界有威望有地位的人所信赖的。这种报不一定销路很大,但它的言论影响整个社会。如辛亥革命前的《民立报》,辛亥以后的《时报》,五四前后北京的《晨报》,上海的《时事新报》,30—40年代的天津《大公报》,抗战胜利以后,当时全国的舆论中心就是《文汇报》。当然,他这番议论是鼓励我把《文汇报》办得更好。另一方面,这几种报纸也的确能为读者所喜闻乐见,成为一时的舆论权威,使广大读者相信它们(时间有先后)所报道和评议的一切问题是公正的,是可信的。

建立报纸的可信性并非易事，要经受种种考验。对于一个重要问题的报道，几种报纸都有，读者从中看出哪家是真实的，近于真实或完全真实的。经过几次这种事情，他们就比较出来了。还有言论，对某一件事做判断。你是怎样判断，其他报纸是怎样判断，这样经过几次比较，读者就会得出结论，是你的报纸评论最公正，最符合客观情况。慢慢就建立了信誉，建立了可信性。

1921年前后，狄平子先生大概年龄大了，无意继续办《时报》，就让给大地产商黄伯惠。黄买下后即建房，并购置新的机器设备，利用印刷和轰动的社会新闻来吸引读者。有的人讲，中国的黄色新闻从小报开始。其实，是从《时报》开始的。是在某次全国运动会时，用很大的字，吹出来杨秀琼是"美人鱼"，并每天为她作"起居注"等等。

旧中国不讲法治。中国的报纸，正如鲁迅所说，对有权者，它是无权的。对更没有权的老百姓讲，他是有权的，可以随便侮辱人、造谣诬蔑，对女人更甚。所以很有天才的电影演员阮玲玉，就受不住这样的侮辱、造谣中伤。其中大泼污水的就有《时报》。人言可畏，特别是报纸的舆论可畏，她就自杀了。

《时报》当时就用这一套来吸引读者，没有新闻，就自己制造"新闻"。因为尽管上海十里洋场有这么大，也不是每天都发生轰动的社会新闻。它就编造。这是《时报》的人告诉我的。例如,说霞飞路某某弄某某号发生凶杀案,或者是兄弟之间争一个女人,或者是为了遗产而凶杀。其实,那路根本没有这样一个弄堂,即使有,也没有这个门牌号头,或者没有四楼而是平房。巡捕房被他们买通,也不会来干涉。《时报》就是用这样的手段制造新闻,欺骗读者。晚清和民国时期,有些报纸为迎合小市民寻求刺激的低级趣味,这样做的相当多,《时报》是最突出的一例。可以刺激一时的发行数,但在读者心目中的可信性,却完全破产了。以后《时报》销数每况愈下,抗战爆发后不久,就被淘汰了。

现在,西方社会的某些报纸,还有这种情况发生。1980年我到香港时,香港某报登载了一条很轰动的头条新闻说有人亲眼看见彭加木在美国观看一场球赛,中国大使馆人员已默认此事。消息一时间很轰动,但第二天就证实是假的,从此,该报的销数下落。这种情况,在西方是常常出现的。贪图一时轰动,读者受骗上当,可信性就会受到很大的损失。

我们党一贯强调真实。宁可慢些,但要真实。初解放时,我们《文汇报》因为匆忙发表了广州国民党政府撤退的新闻,受到批评,说这是抢新闻的表现。事后证明,这新闻是真实的,但新华社迟一两天才发表。

真实是报纸的生命。假如不真实可信,报纸就必然会失去读者。

可读性

"可读性"这个名词,是从海外传进来的。香港地区和英美的报纸常谈到这点。一张报纸,一篇文章,一篇报道,可读性高不高,就是说除了真实可信以外,你反映的问题是否全面,是否分析深刻,写得是否生动等等,就是有没有可读性。可读性是衡量报纸质量的重要尺度,除可信性外,可读性是高是低,能得几分,这点对报纸是很需要的。无论是新闻的写作、标题、编排,都有着一个能否引人入胜的问题。

报纸没有约束强制力,就要有吸引力,使读者非看你的报不可。这种魅力,除可信性外,就靠可读性、可感性。从新闻到评论,都要生动耐读,慢慢吸引住读者。光吸引还不行,要越读越有滋味,越读越信任,可读性就高了。读者看到你的某些报道或特写,就会剪下来作为资料珍藏。

可读性,不仅在于有趣味,还要耐人寻味,资料可靠,数据真实,很有深度等等。为什么过去的许多新闻记者,如长江同志的通讯,看完后大家愿意保存?就是因为有可读性,读完一遍不够，还要读二遍、三遍。其他人如浦熙修、彭子冈、萧乾、徐盈等同志的国内外通讯，是20世纪40年代写的，现在还有生命力，有的已汇集编次出版，还有不少人爱读。因为写得好，又以目击者的身份反映了当时的各种情况，都很耐读，所以在几十年后看看还有余味。

要发挥宣传效果，就需要运用各种艺术手段，提高新闻、通讯的可读性。同样一场球赛，这个报写得很平淡，那个报写得很生动，读者尽管在赛场或电视里看过，还是要看那个报。因为报纸有深度，能够讲出道理来。如主攻手郎平进攻的威力在什么地方，特点如何？新出道的副攻手姜英，球艺怎样？看了报上说的就很够味，可读性就高了。如果平淡的报道，几分钟打一个球，怎么接，又怎么打过去了。都是如此报道，淡乎寡味，就缺乏可读性。唱戏也是这样，一出戏，名家如梅兰芳、余叔岩，就同一般人唱得大不一样，使人百听不厌，回家后还觉余音绕梁。

报纸从上到下，都要重视可读性的问题，人人努力，可读性就能逐步提高。

现在，我们在海外的报纸，一般讲可信性较高，但可读性不高。有些中间的报纸，如《明报》，其中可读性的文章较多，分析得比较透，把报道的事实，内容处理得较生动，所以它的销路就高。因为那个地方没有公费订阅,每份报纸都要读者愿意看,非看不可,才自己掏钱,订阅这份报。所以,就要凭着写得真实活泼,使别人相信和喜欢才行。反之,就无法打开销路。

过去,张季鸾在天津办《大公报》时,说:我的报的头一张,我自信是编得好的,又真实又活泼,新闻多,每条新闻都经过目加工,国内任何报纸都比不过。但是,由于我的精力不够,第二第三张,我就没有这个自信,往往自己看了也不满意。当然,这是张季鸾先生谦逊的说法,那时的《大公报》的副刊,还是很有水平,可读性相当高的,尤其是萧乾、杨刚先后主编的"文艺"副刊。

1946年3月,我重回《文汇报》,整个编辑部都是志同道合,就像一个角色极整齐的戏班子。我是总主笔,主持一切,还有一大批学识渊博、才华出众的同志,有不少还有很丰富的编辑经验。我当时设想:每天早上,学生、工人、公务人员,不把《文汇报》翻一翻就会不安心去上学和上班。回来后,读者至少可以看半小时或一小时。那时,《文汇报》的新闻窗,"文化街""笔会"等副刊,由柯灵、黄裳等同志主持,周刊则常有郭沫若、茅盾、田汉等名家的文章,不仅立场正确,而且耐看,每篇文章读者都不愿放手。听说,《大公报》的胡政之先生每天早上上班就先要细看《文汇报》——他把《文汇报》看作《大公报》的主要竞争对手。

以上说明：报纸不仅要建立读者对它的信任，而且要具有强烈的可读性，紧紧抓住读者，像磁石一样吸引他们，即使受到压力，人们还千方百计抢着看。

可感性

报纸不仅要可信可读，还要有可感性，要扣人心弦，感动人，鼓舞人。

今天——和今后一个相当长的历史时期，我们的中心任务就是宣传现代化，宣传两个文明，党和政府的方针政策。假如宣传得普普通通，平平淡淡，或者是鹦鹉学舌一样照搬照抄，人家不如去看有关文件或原文。如宣传邓小平同志的文选，你写文章介绍，却无精辟见解，没有自己的心得体会，文字也一点不动人，人家去看原文好了，何必费工夫拜读您的大作。所以要介绍，一定自己要有一股激情，写出来才可能打动读者，才能加强宣传效果。同样，对于党和政府的某项政策，对于社会新风貌，新人新事，要去写，就要求很生动，有情有理，有血有肉，有一股感染人鼓舞人的力量。这样，读者才会受你的激情的感动，与报纸发生共鸣作用,把你宣传的化为自己行动的动力。

总的说,报纸要用可信性来建立读者的信任,依靠可读性来使读者喜欢、热爱,凭借可感性来提高宣传效果。

根据我们的实际情况,要倒过来讲吸引力、说服力和感染力。

我不喜欢议论报纸的趣味性。这不是什么基本问题。从报纸本身讲,有它的客观规律,趣味性仅是其中的一点。事情本身没有趣味,你怎么能写出"趣味"来呢?

由于长期"左"倾思想的干扰,"十年浩劫",报纸的声誉显著降低。应该说,中共十一届三中全会以后,我们的报纸有很大的改进。强调吸引力,正是为了提高我们报纸的声誉。现在,如《人民日报》等报纸的质量提高了,但一些省报或地方报纸,怎样办出自己的特色,好像还未摸索出一套经验来。当前最主要的关键,是大胆改革三十年来行之成"套"的旧体制。继续肃清"左"的余毒,给办报者"松绑",给新闻工作者以宪法所赋予的自由,而新闻工作者自己,也该主动地解开"绳结",在这方面多下功夫,提高自己的基本功。

我们的报纸要有吸引力,就要办出独家的风格,自己的特色。50年代末期以后,上海《文汇报》必须每天晚上与北京通话,问《人民日报》头版头条是什么,二条是什么,标题几号字，求得"舆论一律"。"四人帮"时期，就更是如此了。除了报头不一样，各版都差不多，标题、文字，第一条、第二条，都几乎是一模一样，一副面孔。如什么会议，在什么人领导下，某些人参加——参加的人名一个也不能漏掉，也不能先后颠倒，否则就是犯了"政治错误"。通过了什么议案等等，全在新闻标题上，与正文几乎一样长短，那时的新闻标题，大概除"新华社某月某日电"几个字外，全排出来了，真是"千人一面，万人一腔"，开创了新闻史的新纪录。而且，相沿成风，谁也不敢触犯，所以那时的报纸，不仅没有人认真看，还被千万人痛恨、腹诽。可笑的是，连科学杂志，如专门讲半导体，讲遗传工程的，也要把几中全会的公报、文件一字不易，不删节地登上去，否则就似乎没有政治性，就犯了"政治原则性错误"。如此浪费纸张和读者的时间，完全颠倒了报纸与杂志的区别。

经过"十年浩劫"，虽然我们的报纸已远非"吴下阿蒙"，但"余毒"还积重难返，创新不易，习惯势力延误了一代人。过去，外勤记者总要想方设法自己找新闻线索，努力把稿件写好；编辑总要尽量把版面设计得活泼一点，生动一点。但"十年浩劫"中，这些基本功都不要了，也用不着动脑子了，因为新闻都是领导机关布置下来的。有的记者不愿写正规新闻，主要写内参"消息"，为"四人帮"提供整人的武器。当时的新闻千篇一律，也不讲究标题、编排的艺术，都是按《人民日报》的规格。新华社的内容都要摆在标题上，一大堆姓名，所以编辑也不用练基本功。一个大的公告，一版登不下，转二版；二版登不下，转三版。自己也根本不必好好消化，不搞分题，不动脑筋将内容分解登载，读者看了像一块块大小砖头，怎么也受不了，更怎么会喜闻乐见，被说服感染？

现在的报纸与"四人帮"时期是大大不同，有些报改进很大，像中央的几张报纸，上海、北京的报纸，像《羊城晚报》《文汇报》《新民晚报》等等，都比较生动活泼，办得比"文革"前更好。而有些日报则还没有恢复"文革"以前的水平。

《文汇报》1938年创刊时，我开始为《文汇报》写评论。我回顾过去，自我评价，认为该报最活泼、丰富、有深度、有吸引力、感染力的时候，一是1946年回到《文汇报》至1947年被停刊的那一段时期，一是1956年10月起复刊以后至被批判以前一小段时期。当时，1957年3月以后，我去苏联访问五十多天。那段时间，《文汇报》一下涨了近十万份，除《人民日报》外，当时算是发行很多的报纸。后来一个"反右"，报纸一下子下跌五万份。现在，有不少报纸的"尺度"已远远超过了当年我们所定的。像《羊城晚报》《人民日报》等等，比当年的《文汇报》好得多。但是，有些省市的报纸，还可以搞得更好一点。

今天，我把可信性摆在第二位，首先要讲吸引力。

这也是我考虑当前的情况，要做到报纸摆在那里，读者一发现就迫不及待要抢着看。我强调报纸的吸引力，常常用唱戏、做菜来做比喻。办报要像做菜那样，不仅原料好，处理清洁，还要注重烹调，做到色香味均佳，摆在面前，顾客一看就垂涎欲滴，富有吸引力，每样菜都想尝想吃，而且是食欲大振，非吃不可。现在的报纸，很多还没有达到这个水平。

清代《随园诗话》的作者袁枚说：一切诗文总须字立纸上，不可字卧纸上。立在纸上就有生气，躺在纸上就没有生气。

我很欣赏这几句话。这对新闻工作同样适用。我们的标题也好，新闻也好，要让人看来是立在纸上，富于立体感，才有精神。题目躺在纸上，就像一个人睡着了，不可能神采飞扬，吸引读者。现在的导语，似乎仅仅是内容的概括，像文学的人民性呀，艺术性呀等等，这不是真正的导语。导语要引人入胜，要引导人去看，要很精简地把最吸引人的部分"导"在前面，几句话就把人抓住。就像唱戏一样，一下就进入角色。

王国维的《人间词话》，有一段说："大家之作，其言情也必沁人心脾，其写景也必豁人耳目，其辞脱口而出无一矫揉装束之态。以其所见者真，所知者切也。持此以衡古今之作者,百不失一。"又他的《宋元戏曲考》中也一再说:"往者读元人杂剧而善之,以其能道人情,状物态,词采俊拔,而出乎自然。"又说:"然元剧最佳之处,不在其思想结构,而在其文章。其文章之妙,亦一言蔽之曰:有意境而已矣。何以谓之有意境?曰:写情则沁人心脾,写景则在人耳目,述事则如其口出是也。"

他所谈的,其实包括各种写作,新闻写作也不例外。言情(新闻写作中描写人们的精神面貌及心情变化等)要"沁人心脾",即能扣人心弦。写景(新闻中写出现场背景)要"豁人耳目""在人耳目",即能使读者如身历境,而又富有感染力(豁人)。述事(描述新闻发生的本末)要如其口出(像读者亲自看到,侃侃而谈一样)。他对于写作的要求,说得何等深刻,而"其辞脱口而出无一矫揉装束(做作)之态"在新闻写作和标题方面,尤为切要之论。运用什么成语、古典,要贴切而"信手拈来"——如其口出,勉强拼凑,或用一些"热泪盈眶""岂非咄咄怪事"这类的用滥了的"套话",怎么会"沁人心脾""豁人耳目"而有吸引力和感染力呢?

要做到这一点,除加强文学修养外,要磨炼新闻敏感,深入了解新闻的全过程及其背景,"以其所见者真,所知者切也"。这可以说是写好新闻——包括标题、导语、评论的最基本条件。

古来名史家的记述,以及近现代名记者如黄远庸、邵飘萍、邹韬奋、范长江、邓拓等的新闻写作,所以能脍炙人口,而富有吸引力,都因为具备了这些条件(立场、观点且不论)。

过去一段时间,我们就没有讲究这些。每一条新闻都是"在毛主席的英明领导下,在市委的正确领导下,在各方面大力支持下……",讲了一大套,才讲到某一个局部的形势很好,出现了很多英雄人物,然后才具体到某一个人,讲到本题。看了你前面一大段,读者就会失去耐心,即使后面很动人也不想看。这种情况,由于反"假、大、空、套",目前已经改变很大,但"穿靴子""戴帽子"的情况并没有完全改变,没有真正做到新闻立在纸上,沁人心脾,在人耳目,具有吸引力。

文章立在纸上并非易事,报纸的立体感要调动各种艺术手段才能实现,这要求标题写得好,导语开门见山或言简意赅,几句话就吸引读者,还有图片,资料的运用,或者有多层次的新闻报道等等。

总的说,要开创新闻的新局面,加强宣传的实际效果,首先要注意报纸的吸引力。广播也有这个问题。讲得很生动,语言很美,有吸引力,听众才爱听,电视宣传,如果故事是老一套的,尽管很热闹,也不会有很多人收看。

吸引力,就是打开报纸,打开收音机、电视机,就使读者、听众、观众感到一股生气扑面而来。我们要建设中国特色的社会主义社会,特别是中共十一届三中全会以后,应该是非常富有生气的。尽管我们也有缺点和不足之处,总的讲,一切方针政策,在工农业和文教卫生等各方面都是顺乎潮流,深合人心的。宣传祖国的进步,宣传各行各业的兴旺发达,应该是生动活泼和富有吸引力的。问题是过去有些框框,同具体领导同志的意见不一样,甚至是说法不一样,最生动的写作,或全篇,或是记者最费心血、最精彩的一段、一节就被删掉了。不是化腐朽为神奇,倒是变生动为呆板,将好的事例勾掉。这类的事恐怕迄今还不同程度依然存在。如不改革,如何开创新局面,如何培养人才,培养出一批批名记者呢。

今天,我们搞大众传播事业的人,都要努力于怎样使传播工具更能发挥力量。首先,信息传播出去,读者、听众和观众就立刻被吸引。不是有气无力地躺着,而是生气勃勃地抓住大家的心灵。

第二是说服力。

报纸单有吸引力,使人愿意看、喜欢看、非看不可只是第一步,还需要讲究说服力。报纸是通过事实来宣传中国共产党的方针政策和社会上的新事物、新变化、新风尚的。如报道一个先进人物的事迹,就要让读者相信,感到有说服力,认为这个人的确先进,值得学习,而且是能够学习的。

要使报纸有说服力,这首先要改变我们多年来的写作态度——或者可说习惯态度。毛泽东同志讲过:思想问题,要通过摆事实讲道理来解决,而不是采取压服的方法。讲道理,不是讲空道理,搬教条,而是应该分析得透辟,分析得清楚。我们与读者的地位平等,却不要板着面孔,自以为是教育人的,读者是受教育的,一副教师爷的腔调对待读者。如我们学习朱伯儒,文章就写成你应该怎么样,满篇大道理,这样容易引起读者的反感。而应如实地报道朱伯儒同志的先进事迹,不要无限抬高,"出神入化"。让读者看到:的确,朱伯儒是完全值得学习的,可以学习的;他正是一个有血有肉的人物,是一个伟大的普通人。这样平易近人的宣传,才能收到好的效果。

所以,报纸对于读者,首先要用平等的态度,用交朋友,交知心朋友的态度。解放后有些宣传的效果不够好,一个重要原因就是无论报道、评论,都是站在教育者的地位,对读者不是朋友的地位。

周恩来同志在国统区领导《新华日报》,他就是平易近人,报纸的内容和版面也亲切近人,让那些进步的朋友跟着走,中间的朋友通过看报转变立场,跟着前进,连国民党内那些较进步的人士,也喜欢看《新华日报》。夏衍同志办的《救亡日报》，也是这样的态度。

过去，凡是办得成功的报纸，都是平等待人，平易近人。因为报纸无强制性，就要靠说服力，吸引广大读者越来越喜欢读看你的报，受你的影响。即使冒极大的危险，如当时《新华日报》《文汇报》的读者，往往被盯梢、被逮捕，甚至有牺牲的危险。这并不容易。如交一个朋友，他可能是党性很强的老党员，见面就讲你应该这样，应该那样，天天看到你都说的是大道理，都很正确。这样讲一两次很好，但讲得多了，总是那些话，就会感到心烦，也交不成朋友，只能敬而远之了。

报纸也是这样。如果是板着面孔训人，人们就会"敬而远之"。应该像同读者交知心朋友那样，讲得非常之亲切，读者看了，就像知心朋友间的谈话一样，自然亲切，生动具体，引人入胜。这样的朋友，我们就很希望经常谈谈，报纸潜移默化的宣传作用就发挥了。所以，要经常用生动的事实与读者见面，产生说服力，而不能采用强加于人的、满堂灌的态度。

孔子说，益者三友，友直，友谅，友多闻。

用今天的话讲，友直：就是是非清楚，明确，对错误的事情能直言。如对于社会上的不良现象，或者是经济犯罪，倚仗特权，以势压人等等，敢于揭发。

友谅：大多数读者的处境，苦闷，愿望以及接受水平等等，报纸能经常了解,记者写的报道、评论,都能反映这一基本点,使读者和你心连心,愿意向你倾诉一切,而你也了解他,能正确反映群众的心情和意见。如对于失足青年,不是鄙视、蔑视,不是跟他们讲大道理,而是用了解、谅解的态度,讨论他失足的原因和如何面向未来,使他幡然悔改。再如有的农村承包户碰上困难,或者是中小学教师有困难,我们都能够用知心朋友的态度去深入了解,反映他们的问题,去帮助他们。

友多闻:就是经常调查研究,了解本地、本省、全国和国际的形势和情况,通过报纸,经常向读者介绍,无话不谈,知无不言。我们的报纸,应该经常正确、真实地报道国内外情况,反映中共中央和政府政策的精神;社会上存在的问题,哪些我们正在解决,成绩如何,哪些应该抓紧解决等等,无所不谈。

我们的报纸,要成为读者心目中"友直,友谅,友多闻"的益友,善于理解读者的心情和处境,在精神上和现实生活中对读者有帮助,就会同读者建立起一种血肉的联系。报纸要做到这点,是很不容易的。如《新华日报》,在国民党的白色恐怖之下,能使读者冒着被捕坐牢的危险,千方百计去买和阅读,甚至愿代推销,就因为报纸成为他离不开的知心朋友。这种人当然是要求进步的。《新华日报》的话能说到读者的心里面去,能够根据各类读者的思想状况,讲知心的话。这就是说服力。

今天，在我们报纸的标题、报道和评论中，命令、强制的口气都多了点，采用的是"必须怎样""应该怎样"，而不是交朋友的态度，希望怎样。最好是有些结论，让读者自己去下，而不是强加。强加往往会产生相反的效果。作为新闻艺术，这是很重要的方面。

第三是感染力。

报纸要有感染力，要有强烈的感染力。评价一张报纸的好坏，有无感染力或感染力的强弱是重要的尺度。

形成报纸感染力的因素颇多，但首先需要我们真正深入生活，与群众休戚相关，联系密切。对于采访对象，应了解得很清楚，自己先有深切的感受，产生一种激情，写出来的东西，才会有感染力。

我们采访写作中的激情，是产生于事实本身，是真情实感，而不是虚情假意。所以，千万不要讲过头话，搞"客里空"，或者拔苗助长地夸大事实。如果这样，人们就不会受到感染。很好的一篇报道，如果中间出现一些过头话，人们就会怀疑，连真的也不那么相信。这就破坏了全篇的美感，失去了感染力，甚至影响整个报纸的声誉。这样的问题，在有些报纸上不同程度地表现出来，应该引起我们的重视。

正如前面所引《人间词话》所说的，作品要"沁人心脾"

"豁人耳目""如其口出"，能使人受到这样的感染，原因是"以其所见者真，所知者切也"。

今后，我们省、市一级的报纸，要想开创新闻宣传的新局面，办出自己的特色和风格，首先要有吸引力，二要有说服力，同时要有感染力。目的是更有实效地联系广大读者，宣传现代化，宣传两个文明。要使读者受到我们的影响，转变成实际行动，就需要报纸有强烈的吸引、说服和感染力，成为广大读者时刻不离、心心相印的知心益友。

四、新闻记者的基本功和"三关"

——常识关、政策关和文字表达关与分量、分寸和辨清分际

常识关,政策关,文字表达关,这"三关"是最基础最起码的要求,我们搞新闻工作,一定要过好这"三关"才行。

常识关

我们从事新闻、大众传播工作,编报、采访或广播,都应该具备很广泛的常识。不可能每个问题都很专,但从古到今,从自然科学到应用科学、社会科学,特别是中外历史、中外地理、法律、社会学、政治经济学等都应该一般地比读者有比较深广的常识。不应该在常识上出笑话,讲外行话,否则就会破坏宣传效果。

而且,常识没有一定的基础,采访也不可能深入。比如我

们采访钱伟长教授，他是物理学家。要是我们不知道他的物理研究到什么程度，他的最突出的成就在哪几方面，现在正主攻哪方面，以后准备继续攻哪方面，你就不能采访他最近有些什么论文，那会写得很普通、很肤浅。有了前面的了解再采访，你就知道他哪一点攻破了，从这方面去了解他，进一步探讨是怎样攻破的，攻破以后对一般物理，对我国的生产建设有什么样贡献，在学术上有何突破。这样的报道才深入，有分量。采访其他的人，也都是这样。

过去讲新闻记者是"万宝全书"，要比一般读者有更广泛的常识，而且要有许多深一点的常识。现在，由于新技术革命的浪潮滚滚前进，而我国又努力从事现代化建设，新闻工作者要过好常识关，就更困难也更迫切了。

政策关

政策关就是写出的报道要符合政策。当前讲，大方向要和中共中央保持一致，不利中国共产党的话不要讲，要了解和掌握中央和政府的政策，"随心所欲不逾矩"，才能主动地、很好地、很生动地宣传中国共产党的政策，宣传人民群众奋发图强的创造性精神。

提高我们的政策水平，增强我们的政治敏感性和洞察力，是我们宣传工作的重要一环。只有过好政策关，才能从现实生活中发现符合政策的典型，写出感染人鼓舞人的报道。

这个政策关，不仅是我们中国式的社会主义国家的新闻工作者该过好，其他社会制度不同的国家，不过好这一关，也当不好新闻记者。我近年接触过不少在海外工作的同业，他们都说，由于传播媒介二十年来的飞跃发展，交通工具的改进，记者用于"跑"新闻的时间大大缩短了，大量的时间用于研究文件和有关的政策上。这样，在同一采访的场合——如公开的记者招待会上，你能比别人发问更深入，了解更全面，所写的报道和评论会更有特色，有深度。当然，所谓政策关，他们的含义和我们的有所不同；我们主要指党和政府的方针政策；他们则除本国的外，对别国的、国际的政策、组织、规章等，也包括在努力研究的范围之内。

其实，为了做好工作，我们的编辑记者——特别是国际、经济新闻的编辑和驻外记者，也应在这些方面多下功夫。

一位四十多年的老朋友，现在美国从事新闻写作和其他学术研究工作的梁厚甫兄，去年曾写信告诉我一个例子，说他有一位美国朋友，也是当记者的，平时总花三分之二的时间，用以学习和钻研政策。他举例说，当1981年元旦，我国人大常委会委员长叶剑英同志发表关于台湾回归、争取祖国和平统一的谈话后,他即向我国驻美大使馆索取了五份书面印稿,不到一个星期,厚甫兄去他家访晤,看到他书桌上放的那五份谈话稿,已用几种颜色的笔,勾划殆满,而且他还密密麻麻地写下自己的心得体会,加了许多注解。

可见,作为一个现代的新闻记者,该多么认真地下功夫钻研,过好政策关。

"没有调查,就没有发言权。"这的确是至理名言。

我们也可以说:没有调查研究,过不好政策关,就没有采访"权",也没有编辑"权"——版面安排不会恰当,标题不可能恰如其分。一句话,当不好新闻记者。

文字关

文字关,这是最起码的要求。

当记者,要天天写东西,应该懂得语法、修辞、逻辑,在这几个方面不出差错,不闹常识性的笑话。当然,还要有文采、有特色,能运用各种方式、方法,真实地写好新闻或评论。

记得解放初期,有些记者写报道,比如收集大会反映,写某某人,某某人都说,大会成就多高,对今后的工作有多大影响等等，并且用引号记下来。几个人的意见，不能用引号代替。意见一致不等于说的话都是一样的，这岂不是把新闻搞得千人一面，万人一孔嘛，这不仅不合逻辑，也违反常识了。当时，胡乔木同志很注意这点，曾多次纠正这些语法上的毛病。至于词不达意、公式化、教条化这些毛病，例子就举不胜举了。

对于常识关、政策关、文字关，"文革"前是比较注意的，报纸上出现这些错误的时候也较少。但"十年浩劫"的内伤之一，就是我们现在的新闻干部青黄不接的情况相当严重。像上海的几个报，上班的编辑能独当一面负责编一个版面而能胜任的，大都在五十到六十岁之间，有的已近七十岁。没有办法，年轻人顶不上。听说《新民晚报》有三分之二是年轻人，但有些同志文字关过不了，常识关更过不了，稿件还需要老编辑仔细润色、修改。他们大多是"四人帮"时期的受害者，现在要重新考高中文凭、大学资格，所以在常识和文字等方面还不能说已过了关。其他各地报纸，大概也差不多。

前两年发生了这样一件事：有一条外轮上的中国海员因台风刮到了台湾。船靠岸后，受到台湾海员和各界人士的热烈欢迎，领他们去参观市容，逛百货公司。后来，这个消息在国内报纸上登载，有一张报就登了封读者来信，说我们也希望台湾的同胞多来祖国内地看看，参观，我们一定也同样热烈招待。

这本来很好,后面却引用两句:因为多年在海外,现在就"青春作伴好还乡"。这是引用杜甫的诗,他是在"安史之乱"后在四川所写,叛乱已经平息,才喜极而写的:我们可以青春作伴而归返故乡了。在这里引用,不是把共产党政权比成"安史之乱"嘛?这是常识性的严重错误。上海的一些老先生看后哭笑不得,颇有感慨。

最近,上海某报登了一条新闻,报道发明了一个塑料制作的人工关节,试验的结果很好,同天然的腿关节一样,原来长期患关节炎的,使用后还可以跑步,等等。题目为"孙膑若在世,两腿健步飞",看来似乎很生动形象,实则犯了常识性的毛病。因为"膑"就是切掉了腿的大部分,孙膑的膝盖骨及其下面关节都丧失了,怎么能使用这种辅助装置呢?

这类常识性的错误,恐怕各地报纸都有一些。上次去北京,遇见一位语言学专家老先生。他说,北京的报纸、期刊、广播、电视,如果要抓语言上、语法上的毛病,常识性的毛病,每天都可以编一本书。

这当然是慨乎言之,是这位老朋友、前辈的高标准要求。但是,我们自己也应该有严格的要求。文字的准确、贴切、优美,关系着一代文风,关系着语言美、精神美,值得我们下功夫。至少,在文字上、常识上,应该消灭错误,不要闹笑话。

恰好，与这位老先生谈完话，有个朋友就送来一本文史资料方面的刊物，翻开一看，其中的一篇就发现语法上、常识上的两处错误。他写特务头子戴笠1946年到北平，蒋介石也要前来，戴就四处布置奔忙做警卫工作，搞所谓的抓汉奸。资料很好是第一手的。但下面有两句话："戴笠在北平期间，整天奔忙，一刻也没有停止。直到他离开北平，机毁人亡，遗臭万年为止。"遗臭万年为止，就是说一万年里都在奔忙，怎么通呢？这大约是后遗症的原因，要批判斥骂戴笠，所以加上这样一句。"遗臭万年"可以摆在另外的地方，在这里就意思不通，闹出笑话。该文还有一句："戴笠很能够笼络人心，使得下属对他都有一种肝胆相照，荣辱与共的感觉。"本来引用得不恰当，再加上胡耀邦同志近年恰恰用了这两句话，号召各党各派与无党派人士应该"肝胆相照，荣辱与共"，这不是把中国共产党与各民主党派、民主人士的关系，与特务内部的关系相提并论了吗？写的人当然无心这样，但却是太疏忽，缺乏常识的表现。本来词汇很多，如内部推心置腹，"抱成一团"等等，都可以用的。这不仅是文字整理的问题，也是政策上的错误，而编辑也照样发排，未加改正。

我1980年去香港时，中文大学新闻传播系主任余也鲁先生说，大陆上的报纸，50年代的编辑很严谨，错字很少，语法上也没有什么问题。而报纸的编排和标题，40年代中期尽管宣传有些偏颇，一般说文字优美。现在编的上海报达到最高峰，而香港报纸和台湾报纸的编写技术、文字水平，还不及40年代上海的报纸，且不论内容。

海外的有些报纸，至少是销路很好的报纸，也重视这些方面。如《读者文摘》的中文版，有五六百万份的发行量，就很注意文字常识等问题。这是一本知识性、趣味性的杂志，政治色彩很淡，政治倾向性却是明显的。它刊登的内容主要是新发现、新成就，惊险小说、中英对照的长篇小说等等。据我看，这本杂志英语更道地，很多人从它学英语。政治倾向表现在小的地方，包含在小幽默、小故事和笑话之中。比如，台湾学校的老师问学生，海峡两岸的区别是什么？一学生答：台湾方面一季可以穿四种衣服，大陆上四季只穿一种衣服。看看是幽默的话，但宣传的却是台湾好，丑化大陆的生活，倾向很明显。但用长篇报道骂我们的情况却没有，假如这样，他的销路可能就不会这样大了。有一点使我注意的是，从该刊上很少或几乎没有发现文法、常识上的错误。他们除总编、责任编辑之外，还有一个文字审查编辑，特别请梁实秋教授负责修改润色工作。应该讲，他是一个很有学问的人，中文、英文都很有修养，经过他的检查审定，这家杂志才几乎没有错误。我们现在就没有什么杂志请叶圣陶先生，或者是王力教授等人当顾问。

所以，搞新闻工作、编辑工作的有"三关"：常识关、政策关、文字关。这"三关"比较难，但都应该过，否则，无法搞新闻工作。广播也不行，如文法、语法上念颠倒，引用的字都可能念错，那就不够格当一个广播员。有同志向我提出，要求出版社出一部语音词典。我看很需要。书内的意思看懂了，但字却念错，像我这种情况，其他人也可能有。现在，的确有广播员念错字的时候。中国字有个特点，好些字在不同的地方就应念不同的声调，即使认识，不注意也会念错。没有语言表达的丰富常识，就会出笑话。另外，把人的生卒年月用错，或引用的成语、典故错误，或把长江、黄河的流向搞错，上下游颠倒，等等，都可能造成很大的笑话。

"三关"中最难的是政策关。要真正了解、领会和掌握政策，使报纸能发挥主观能动性，积极地用事实，用新闻语言来宣传政策。不应该被动地、党中央讲什么话我就照抄。如学习《邓小平文选》，就大段大段地引原文。这也叫宣传？这是消极地被动地，因而实际上是无效地宣传。应该把邓小平或胡耀邦同志的话的精神吃透了，针对读者对象，用我们的语言在报纸上生动地宣传。

过去，鲁迅先生说："牛吃的是草，挤出来的是奶。"鲁迅的毕生就是这样，生活非常简朴，却勤于写作，勇于战斗，写出了很多杰出优美可以流芳百世的文章。引用个事例来说，我们报纸的宣传，主要指评论文章，应该做到像蚕吃桑叶而吐丝那样，中国共产党的方针政策是桑叶、原料，经过消化以后，吐出来的就是新闻语言，就是美好的丝。但是，我们现在的报纸却常常做不到这点。吃的是桑叶，吐出来的还是桑叶，不是真正吃透了中央精神，用新闻语言写的文章。

所以，记者要过好"三关"。记者包括编辑、采访，特别是责任较重的，如当总编辑、部主任或组长的同志，更应该强调，前两关不用说，尤其是政策关要能够把握得好，把握得牢。

三个基本功

1. 分量

新闻有大有小，有重有轻，是客观存在的。哪条新闻是头版头条，应该怎样突出宣传。这可能因阶级观点不同、角度不同而处理不同，但新闻本身有它的客观价值。有些是一看就知道大小，如唐山地震，当然是很大的新闻，或者是中共十二大召开，当然也是重大的新闻。林彪"爆炸"，"四人帮"垮台，更不必说了。

有的新闻,初看没有什么了不起,但它有很强大的生命力,是一个大新闻的萌芽。处于萌芽状态,你就要有一定的识别能力,才能够辨出和掌握它。

从采访、编辑到总编,都要有这么个基本功。一个新闻到手,能够"掂"出它的分量。这要有经验,一般说新闻工作的时间越长,积累的经验越多,"掂"分量的本领就越大,新闻到眼里就看出,这是一个大新闻。编辑一看到各组送来的稿件,就能够挑出哪段新闻最重要,立刻摆在头条,哪些新闻应该加框——即鲁迅说的"花边新闻",哪些新闻应该配图片,应该怎么加工处理。总编辑应该立刻辨别出来,哪条新闻应该加强力量,使之更完备,或者还要组织写评论。总的目的,是增强吸引力和说服力,提高宣传效果。

在晚清和民国时期,那样多新闻出来了,处理的时间很短,分量要"掂"得很准。当时的上海,就有一二十家日报,同样的新闻,各家报纸出来就显出差别。有的把很大的新闻处理得很小,当然与立场有关系,比如民主运动,它故意抹杀或者歪曲,那是另外一个问题。还有一些跟阶级立场没多少关系的,有些报纸分量"掂"不准,很大的新闻处理小了,引不起人家注意。有些报纸分量"掂"得准的,报道很详细,标题也好,又及时写出为广大读者所同意因而深受感染的评论,这样,在读者中的声誉、信任就提高了。

我们多少年来关于分辨新闻大小或重要与否之权,有些常是由上面决定的。如省报由省委宣传部,北京、上海等市或中央一级的报由市委或中宣部决定,某些新闻要采访,某些新闻要配评论,有些是各部把稿件直接发来。这绝不应该说是正常情况。实际上,新闻记者应该自己能够"掂"出分量,分辨出新闻的轻重来。自己能发现新闻线索,配备力量,写出有分量的报道,再送到(假如有必要)上级有关单位征求意见或审批,工作就可能更主动更出色,做宣传工作可能更有效,更能发挥力量。最近,为了开创新局面,提出"松绑"问题,改革体制问题,对大众传播事业来说,主要关键之一,就是要解决这些不正常情况。

我过去常讲,做新闻工作,尤其是当编辑、总编辑的应该像上海苏州河上抛西瓜的工人那样会掂分量。20世纪三四十年代,苏州河上有很多从苏州、常州、平湖等地运来的西瓜。当时没有统购统销,水果店就派人去那里批发,一定要请几个能掂分量的大师傅。有些工人在船上抛,上面有个大师傅接,立即顺手放进筐子里。他的手能掂出每个西瓜有几斤,等过秤时基本上是每一筐是一百斤。要掂得那么准,上下几两半斤的误差当然也是有的。我们新闻记者，也应该有这样的本领，应该"掂"出分量。新闻到眼里，看到送来的稿子，或电话里听到某地发生一个新闻，就立即能"掂"出分量，这是大新闻，这是中等新闻，或者尽管看上去不是大新闻，但是一株大苗子，具有很大的生命力。

"掂"出分量是一个基本功。报纸要办好，要有这套功夫，否则会搞得很被动，没有什么生气。上面叫你发什么，你就登什么，怎么能谈得上主动性和报纸的生气呢？这样，在眼里经过的许多很好的新闻，应该及早发表的，却因为你不能及时"掂"出，或上级扣压，可能就此把它轻轻地漏掉了。

当然，要有"掂"出分量的本领，并非轻而易举，要有丰富的常识和新闻敏感，要有多少年的工作经验的积累，还要经常很好地学习党和政府的路线、方针、政策。这是我们与西方某些新闻观不同的地方。他们说新闻记者有第六感，有新闻敏感，而一般人只有五个感觉，即视、听、嗅、触、味。他们把新闻敏感神秘化，似乎是生来就有，先天具备的素质。其实，你学习得多，懂得多，积累的经验多，就会对许多事物发生敏感。比如，你也学习一点钱伟长研究课题的知识，对他的一般研究情况了解较多，就可能发现他又有突破，是什么方面的突破。如果没有这方面的知识，就不会有敏感。对农业承包责任制,你做了调查研究,就能刚在局部地区试验时,就能"掂"出这是必将大大推广的新生事物,应该大力宣传。

"掂"分量要求过好政策关。要对政策研究得够,真正吃透了中共中央的精神,就能在实际中发现新问题,大胆提出来。比如中共十一届三中全会以前,《光明日报》发表《实践是检验真理的唯一标准》的文章,如果你没有政治敏感性,看到这文章,就会一眼而过,不加重视。反之,你就会感到这是一个很大的问题,是路线变动的信号,即错误路线改变到正确路线的信号。这是打破"凡是"的思想武器,这样的新闻就有很大的分量。当时,我注意到这个问题,有的党委书记表态早,有的表态迟,上海有些报纸用大号字发,有的则根本不转载。有的人胆子小,有的人因为和自己的思想有抵触,认为真理要实践检验,那么毛主席的思想要不要实践检验?"凡是"思想的人就想不通。还有一种人,对此却没有什么印象,不敏感、"吃不准"。而这篇文章(新闻)的客观分量,实际上就是即将在三中全会开始走上正确路线的最重大新闻。

"掂"分量,是新闻记者很重要的基本功,但这不是唯心的东西,不是记者第六感的天才表现。这是靠经验,靠不断地学习、观察、实践,才能积累掌握。北京的模范售货员张秉贵,抓糖一把准,也是这个本事,也是长期锻炼出来"掂"分量的一个好例子。

当然,"掂"新闻,要做到十分准很难,有时判断会出点偏差或失误。但是,一般讲,应该大新闻不要漏,应该把别人发现不了的所谓独家新闻,别人看不到的,而你看到了,在萌芽状态就抓紧深入采访,写出报道。如某一个地方承包责任制很好,或出现什么新气象,恰好可以宣传我们的某项精神,你立刻报道。这样,报纸的独立性提高,就能更及时更生动地宣传党和政府的方针政策,所收的宣传效果更强。

每天新发生的事很多,哪些有代表性、有典型意义,哪些事情分量重,哪些问题不那么强,能抓得及时,"掂"得准确,这就要靠自己主观上的努力,当然,必要时可以争取有关领导机关的帮助。"掂"分量,就是了解"行市",懂得"行情",也就是知道整个局势。1949年前,一个记者,一个总编,就要学习交易所里的营业员,对各种行市,像粮食、燃料、布匹、债券的行市涨落、起伏,都要了解清楚。胸中有全局,才能使报纸办得生动活泼,不漏掉大新闻。

只有熟悉过去,才能对新发生的事情进行比较,对新鲜事物"掂"出分量。这样,记者就会有敏感,发现新闻,及时下功夫深入采访;编辑才能辨别新闻的大小、轻重,分别恰当安排版面,做好标题。总编更要注意这点,有这个本事,能够抓好全局，包括每天的新闻、编排、资料和新闻评论。

平时，我们要经常培养和锻炼这种敏感，遇到重要新闻才不会漏掉。

我年轻时最得意的新闻采访，就是在太原采访冯（玉祥）、阎（锡山）合作反蒋的内幕，获得独家新闻的成功。这并非我特别有采访天才，或有多大经验。那时我才二十二岁，是刚走上新闻岗位的大学生。主要因为我多年爱读报纸，留心时事和历史对冯玉祥及西北军下过一番研究功夫，了解他的情况，知道这个人治军很严，可以说在旧军队中治军好纪律严，是最突出的。他对部下的要求中有三不准：不准讨小老婆，不准赌钱，不准喝酒。所以那天到山西大饭店去采访，看到他的几个重要部下在那儿打牌，我就发生疑问：怎么会打牌？一定是冯玉祥离开太原了。假如我不知道冯的情况，就不会因此而产生疑问。那天，我就找到一个熟悉的采访对象，问冯是否离开太原？果然这里面有一个大新闻：冯是偷偷离开太原，与阎拟定一个联合反蒋的计划。如果不知道冯不准部下打牌喝酒的习惯，看到这种现象也不会产生新闻敏感。这说明要"掂"出分量，抓紧采访的机会，是靠平时的学习和知识的积累。

今天，要"掂"出分量，则需要很好地研究马列主义，研究党和政府的文件，研究国内外形势。比如，某些人对《邓小平文选》研究太少，就不懂得三中全会政策的由来，将来什么是正确道路，什么是偏离方向。认真学习研究，才能在现实生活中看到哪些是新鲜事物，是符合正确路线的，哪些是偏离的，这里面就能找到大的新闻或重要的新闻。不论是正面或反面的典型都能"掂"出来。

"掂"分量，同平时的学习有关，独立思考也很重要。假如一个记者，上面怎样布置就怎么做，毫无主观能动性，那就不能称职。什么事都应该问一个为什么？上面为什么这样布置？看到一个社会现象，比如社会治安大有转变，是什么原因？应该有穷源溯流，打破砂锅问到底的精神，才能发现和写出重大新闻。

2. 分寸

新闻本身是客观存在的，分量是一定的。是大新闻、小新闻，有多大的发展前途，对人民的生活有多大影响，也是客观存在的。我们能发现它，就要写出来见报。但是，见报时掌握到什么分寸才恰当呢？要能掌握得恰如其分，这也是新闻工作者必需的基本功之一。

对于新闻，我们不是客观主义，有闻必录，最注意的是要看与人民的目前利益或长远利益是否有关，对中国共产党和政府是否有利，是否符合国家和党的政策。无论在言论上，报道上，分寸都要掌握得恰到好处。

褒贬要有一定的分寸，要准确贴切。真理多走半步，就会变成谬误。我们宣传工作，也是这样的。有时候，分寸仅一纸之隔，穿过这层纸，就可能发生相反的效果。

多年来，我们形成一股风，什么指示一下达，某位领导同志一席讲话，就一拥而上地拥护。其实，拥护也要恰当，如果过了头，往往变成帮倒忙。举例言之，胡耀邦同志曾发表了一个讲话，大意说国共曾有两次合作，第一次使大革命能够兴起和取得胜利，第二次则有效地发动民众，取得了抗日战争的胜利。他说这两次合作都没有善始善终，大家知道，责任不在我们方面。希望有第三次合作，发展国家，振兴中华。这个讲话有很大意义，也很注意分寸。但我看到香港左派报纸载的一篇署名文章说，"我是一个老国民党党员，大革命时期就参加工作，又亲历抗日战争，亲眼看见两次国共合作，都是国民党背信弃义，破坏合作"，等等。这样说就不妥，因为我们不是与国民党算旧账。胡耀邦同志的讲话是号召与国民党第三次合作，统一中国大业。"责任不在我们方面"已说清楚了，而且，过去的事彼此心里都明白，你何必戳穿那层纸呢？说那些，分寸过头，就只能起相反作用，怀疑我们这方面没有合作的诚意了。

过去，梁漱溟先生于抗战后奔走于国共之间，力争和谈。他当时是民盟秘书长，对国民党的阴谋认识不足，在国民党即将发动全面内战的前夕，他还在努力于奔走继续和谈。周恩来同志劝他不要对国民党抱幻想，要态度鲜明，民盟内部的不少知名人士如沈钧儒先生等，也是这个意见。但梁仍然好心好意，还是存有幻想，直到国民党宣布全面"讨伐"的命令。那时，南京的消息传来以后，我们很震动，《文汇报》的标题态度鲜明，但对于梁先生，我们也注意分寸。因为他是受骗上当，是出于好心的民主人士，所以我标的题为"梁漱溟一觉醒来，和平已经死了"。就没有责怪他，而是含蓄地说他受骗。如果以"梁漱溟幻想破灭"做标题，那就过头了，会伤害朋友。这说明掌握分寸的重要性。

另外，有些涉及国家机密的报道，也要注意分寸。我们的新闻，在涉及重大政策和涉外关系时，外国人认为是代表国家，代表中国共产党的，这是多年来造成的对我国并不有利的"习惯看法"，所以分寸要恰当。

当然，分寸问题，多少年来一直是中共中央、宣传部掌握，但我们新闻记者也不能完全被动。如写一篇新闻，尺寸掌握好，标题恰当，领导机关看看就觉得可以了，就能提高效率。

要肃清长期存在的"假、大、空、套"的流毒，千万要掌握好分寸，不要过头。英雄人物的宣传，形象要合情合理，不要架空、过火，描写得就像不食五谷的神仙，这样对内对外的效果都不会好。

3. 辨清分际

分量、分寸之外，还有分际，这就更细微了，与分寸比较，很难形象地讲清。

有些新闻，这样发表正好，那样发表就不好。这种写法可以收到正面的效果，另一种写法就会得到反面效果。

时机也是这样。特别是有关重要的决策，或内外政策的改进，比如，今天在六届人大大会召开时发表，会收到很大的效果，早一点、晚一点都会"不合时宜"。

以上看来是比较神乎其神的，但这是新闻中确实存在的分歧问题。原则上，我们的新闻要及时、迅速、详细，但有些重大的国际问题，需要把握好时机，不能像西方那样去抢新闻。

其实，在西方发达国家，抢新闻也会因不合时机而受到干涉。举个例子来说明，1943年中美英三国在开罗举行会议，那是非常机密的，有个老新闻记者叫赵敏恒，他当时是路透社中国分社的主任。路透社，像其他外国通讯社一样，很少用中国人做主任的,最多当当特派记者。但因为赵的英语好,写作新闻既快又好,所以被委当了主任。1943年,他到伦敦总社请示工作,回来路过开罗,看到飞机场停了很多小汽车,就向总社发了一条新闻,说开罗有迹象说明正在举行一个重要会议,他是用无线电发给总社的内部参考电。实际上,的确蒋介石、罗斯福、丘吉尔正在开极秘密的开罗会议。希特勒的无线电收到路透社的这条消息,就提高了警惕,知道几个国家在联合对付他,就准备了一套军事上、政治上的应付措施。事后,罗斯福跳起脚来向丘吉尔提抗议,丘吉尔大光其火责问路透社,路透社就把赵敏恒免职了。这说明,报道要辨清分际。尽管有新闻,但涉及国家机密,甚至涉及人类的前途就要想到其影响会有多么重大。这类涉及国际关系的事,要特别注意分际,否则就可能有损国家人民的利益。

在我们国家,发表新闻既要掌握分寸,又要辨清分际。发表到什么程度,怎样发表,特别是关系到外国的、友邦的,分际尤为重要。

毛泽东主席说,对敌人,对朋友,对自己,分别有三种不同的态度。我们发表新闻,写杂文,写评论,都要掌握这个分际,恰到好处。对待同志,要使他引起警惕而又不刺伤他,对哪类批评、表扬应掌握什么方式,什么"火候",这中间的分际是很细微的。实践出真知，多学习多积累经验，才能在分量、分寸、分际等方面越来越掌握准，把工作搞得更加好。

总的说，新闻记者要过好"三关"，掌握上述三个基本功。这中间无捷径可走，也没有三天就会的秘诀传授。"读书破万卷"和"观千剑而后识器"，博览群书，在新闻工作的实践中锻炼、提高，我们才能成为新时代的合格记者。

五、新闻的采访与写作

新闻采访真实和深入

新闻采访,是一切大众传播手段中最基本的、最主要的工作。

采访是新闻工作的第一道工序。这道工序非常重要。因为产品的质量取决于原料,采访就是提供第一手原料。没有采访就没有新闻,也没有报纸和其他的大众传播的内容。

采访是一个有选择的活动。如果没有目标,没有选择地到社会上去看,去采访是不行的。要有选择,凭新闻敏感去了解各种情况,挑出有价值的、重要的内容,或者从读者中得到新闻线索,或者从大众传播工具中发现线索或可疑之点,值得继续深入"挖掘"。

解放以前,《文汇报》最多时只有十六位记者。中央社的新闻基本上不能用,其他通讯社也是反动的多,主要要靠自己采访。所谓有选择,就是要看出真正的新闻,确有价值,才去采访。如果一天中掌握有不少新闻,就应分清轻重缓急有所取舍。或暂时搁一搁,或分给别的同事去"跑"。那时,采访主任孟秋江同志掌握得很好,对同志要求严格,每个同志回来写稿毕后,都要写采访日记。经他审阅后提出意见,他自己也经常参加较重要新闻的采访。那时,平均每位记者每天要写三到五条长短不同的新闻。如果只写了一两条,秋江同志就要查问,这位同志,见了他也往往低头而过了。现在,我们的各种报纸都有分工,有自己的读者对象,去重点采写自己报的读者特别关心的新闻。

1957年我曾在报社内提出一个口号:"人取我弃,人弃我取。"当时的《文汇报》,是以知识分子为主要读者对象的,与《解放日报》等等的对象不同。他们不注意的,而为我们读者特别关心的,我们就去重点采访,这就是"人弃我取"。一般的财经新闻,不是我们的重点,登新华社发的就可以,还可以缩短。后来,"运动"中批判我,这是一条罪状,说我取的都是资产阶级的,弃的都是社会主义的。凭空上纲上线,现在,这个分工的道理,已经是常识了;各报都有自己的主要读者。如青年报就要突出青年的特点,青年人所关心的,与一般老年人、干部关心的就有所不同，重点也不同。少年报、工人报、农民报也都有自己的特点。所以，采访是有选择的活动，不是有些人说的有闻必录。因为国外有些记者以新奇、猎奇的事刺激读者，而我们是有目的地选择，以提高读者情操，增长见闻，对学习和工作有好处的，当成我们着重采访的新闻。

温故而后知新。以下谈谈中国报纸早期的采访情况，谈谈自己过去的所见所闻和亲身经历的一些事情。

《申报》是我国很老的报纸。1872年创刊前，上海的报纸如《上海新报》等，还无所谓采访。当时所有的上海新闻，都是从外文报纸翻译过来的。从《申报》开始，才有采访。当时的记者叫"访事"，一般是采写些"委巷琐闻"，比如某一棵大树上雷电击死了一条大蛇，或者小媳妇受不了虐待而自杀，外滩上两帮流氓打架，火轮船来了以及发生盗窃案等等，这些就是"委巷琐闻"。此外，就是行情，昨天的米价、杂粮、油料价的涨落等等，初期的《申报》就是采写刊出这类新闻。用的是有光纸，十年后才改用新闻纸。

那时的记者，被人瞧不起，称为"文人末路"。考不上秀才，当不上官，又不能教书，流落到上海，就到报馆去当访事。也没有正式的固定的工资，登一条新闻就给几毛或一块钱。报上还有诗词、对联、诗谜、短的小说等等，把"斗方名士"的作品集中到一个版面上,这也算中国报纸的特色,发展到后来就成为副刊的滥觞。英美的报纸就没有副刊,而我们则从最初的形式延续下来,读者愿意看。《申报》的"自由谈"(在黎烈文、张梓生主编时除外),《新闻报》的"快活林",就是消遣性质的。

中国的报纸认真进行采访活动,大约开始于辛亥革命前,章太炎、章行严主持的《苏报》,于右任主持的《民立报》等。他们比较注意政治新闻和社会动态,也有固定的访事。这时也有了外埠新闻,大都是报纸在外地的分销处找个人写当地新闻,成为登载地方新闻的开始。

中国初期报纸真正当得起记者称号的,是民国初年北京的两位报人:黄远庸,刘少少。黄自然有名气,刘写作的通讯也不少,但现在新闻史上很少提到他。

黄远庸活动的范围很广,同当时的政界、军界、金融界都有联系。他大概出身于进士,中文很好,写的报道有夹叙夹议,有批评,有综合的分析,经常透露一些鲜为人知的内幕新闻,并且加以褒贬,很受欢迎。刘少少也为上海报纸写通讯、新闻。

邵飘萍的出现,标志着新闻采访的又一个高峰。他创造了更为多种多样的采访方法。

我们40年代、50年代的记者,当时都知道美国的李普曼,是《纽约时报》的名记者,后来成为权威的专业作家,不仅美国、连英、法几家大报，都争取刊载他的报道，以招徕读者，他的采访很灵活，采访官员，只要写便条或打电话约那些国务卿、部长们和他共同进餐，人家知道他了解的情况多，又有见解，也希望听听他的消息，所以愿意应邀赴约。他就从交谈中得到许多政治上的内幕新闻，如罗斯福想做什么，财政部的情况如何等等，他都能写出高质量的、受人欢迎的独家新闻。

邵飘萍的采访还没有达到这个程度，但也很有本事。他开始坐包车——自备人力车，坐马车，后来坐自备汽车采访，气派很大。当时北京汽车还很少，有些穷部的总长还没有汽车坐。北京的活动中心当时在六国饭店，他不时在那里请客，请他的采访对象，如某总长、某次长、某国会议员等等。据说他的房间幌幕后藏了两个记者，记录席上的谈话（当时自然没有录音器）。他表面上同采访对象热情而无拘束，谈笑风生，使对方没有警惕的感觉，而记者就在背后把新闻记下了。当时，他用各种办法，能得到很多人家不知道的内幕新闻。这说明邵飘萍在20年代初期，采访就比较深入细致了。当时军阀混战，各派势力消长，今天这个下台，明天那个下台，矛盾激化，政局动荡，人们普遍关心政局的动荡，所以他采取上述活动，深入了解内幕情况，用新闻或通讯的形式告诉读者。

这些，对我们还有一定意义的启发。我们的采访活动，一定要深入、真实。当然，不该用他们那一套的手段，但重要的新闻，也像开矿一样，不要满足于开采露天矿。往往一些新闻，露在表面的并不是值得重视的。要深入挖掘，穷追猛打，才可能得到重大新闻。有时候，你没有估计到这是个重要新闻，但深入采访，却是出乎意料的有价值。凡是从事采访工作的同志，恐怕都有这样的体会。

比如我采访冯玉祥的消息。我在太原时，本来没有估计到阎锡山这个老奸巨猾的军阀，那时会放走冯玉祥，冯、阎终于会结成联盟打蒋介石。这个新闻变成后来的中原大战，双方动员一百多万人，死伤三十多万。这是很大的新闻，而我当时并没有认识到，是随便跑跑。记者要经常到处跑。我到冯军驻地，发现他的部下打牌，灵机一动，凭新闻敏感想到可能有重要新闻。于是，我就去找到刘治洲和李书城①。这是记者应该结交

---

① 刘治洲（1882—1963），字定五，陕西凤翔人，1906年加入同盟会，曾任陕西省省长等；李书城（1882—1965），字晓园，湖北潜江人，1905年参与创办同盟会，武昌起义时担任黄兴的主要助手，曾任北伐军总司令部顾问等。刘治洲、李书城二人都是民国时期的重要政治人物。1930年春，刘治洲以冯玉祥的总参议名义去太原，被阎锡山聘为高级顾问。1929年，李书城赴山西游说阎锡山联合冯玉祥反蒋。作者在《报海旧闻》中记述，刘、李二人都是张季鸾的朋友。作者于1929年和1930年两次被派前往太原采访，行前张季鸾交代作者拜访刘、李二人，了解冯、阎相关情况。作者到太原后，从刘、李二人的言谈和其他情况中判断出冯、阎联合反蒋的动向，遂通过暗语方式告知在天津的张季鸾。张季鸾用伏笔在《大公报》上做了报道。——整理者注

的可靠采访对象和朋友之一。他为我讲了内幕,并关照我事关反蒋大局,报上不要透露。从人民的利益讲,我也认为不该透露,但必须想办法把消息告诉编辑部,特别是让张季鸾先生知道。我就做了巧妙的处理,把消息传到张的手里了。

记者要经常学习,经常了解情况,磨炼自己的新闻敏感。这样,才能判断出新闻的价值,透过表层看到深处,了解新闻下面还有什么内容,写出高质量的新闻。

比如,过去我们采访学潮,如果只看到军警包围学校,盘查学生等表面情况,就写不出国民党残酷镇压学生的真相。还需要了解是否开了黑名单,逮捕了多少人,找学校当局,找进步教授、学生、工友等,从多方面了解他们的所见所闻,才能使新闻全面、深入、具体、生动。

由于我们采访的是社会上新近发生的事情,无论是本市、全国或国际,任何事物总是在变动之中。一般在量变中不可能成为新闻,要发生质变或部分质变,那就矛盾表面化,发生新闻了。如两伊战争的起因,虽然信仰同一宗教,但不是同一民族,有历史上的恩怨,土地上,石油资源的分配上有矛盾。矛盾在发展,没有解决,这是量变阶段,不成其为新闻,即使是,也是小新闻,直到爆发战争了,才成为轰动世界的大新闻。

一个记者,能知道谁放的第一炮、第一枪,由于传播手段的先进，这不算大本事。记者对两伊的纠纷有常识，有研究，判断出发展到某一阶段，战争已不可避免了，首先注意采访，也显出本领、功力。每一个问题都有关键性的环节，进入关键时候，矛盾激化，非采用战争手段。记者能观察出这一点，看到矛盾已发展到非用战争解决，就密切注意和分析，在战争爆发的前一天，哪怕是提前几分钟，就能判断出两伊战争的初次爆发，这才算头等记者。在外国讲就是抢到了独家新闻，在炮声未响或刚响时，新闻就已经出来了。

我1980年在香港时，正好是美国大选。卡特和里根竞争得很厉害。左派报纸的记者，可能是出于主观愿望，都判断卡特最有可能连任。实际上，我们还缺少研究，缺少对美国的经济情况和历史的研究，缺少对美国外交情况，大选历史的规律的研究。香港有几张英文或中间报纸就判断里根一定当选。美国的一些报纸也做此判断。当然，有些是同情共和党的，但有些党派关系不明显的也判断较准。所以，大选未揭晓前，他们就把里根的所有资料，他的家庭情况、历史、照片都收齐了。到时候，新闻的内容就丰富，多层次，也就写得丰富多彩，很有吸引力了。

过去旧的报纸，像上海《申报》《新闻报》《大公报》等，都是到有关机关找一些线索，不像现在与读者有广泛的联系。

更早一些的宫门抄,就是找皇宫的管门太监。各省的首脑要知道皇帝的动态,就买通管门的太监,把今天朝里的大事抄几条出来,如皇帝下了什么话,召见什么人,某官员来呈告发生水灾等等。抄后即用很快的驿马送到本省,以便知道朝廷的情况,便于应付。这就是"宫门抄"。后来,太监看到各方面都需要,就用简单的纸条印出,听说订一份宫门抄每月要几百两银子。最初的《申报》等,就是靠宫门抄。"辕门抄"次一等。如两江总督下属的官员想知道总督的活动和情绪,就买通辕门的人,由他们写好送达州县。中国早期报纸的官方消息,主要靠宫门抄和辕门抄。民国以后,此类就变为政府公报,大总统的命令,国务院的通告,还有一些法令、法规等,这就叫政府公报。但这些都是冠冕堂皇的东西,要了解内幕的情况,就需自己派记者。上海的几家大报,都有驻京记者。而且所给的薪水、津贴都很高。天津报纸也派有驻京记者。

后来,上海的报纸增多,印刷技术也提高了。本市新闻要包括各方面的。如花钱买通法院的书记员,预先获得有关审案的日期,到期去法庭旁听;买通救火会的人,以便及时得到火警的情况;买通租界工部局警务处或华界公安局的人,才能得知他们抓的人,有哪些重要措施。这些机构,名义上是找的联络员,每月给二三十元。这些都是报纸消息的来源。

报纸需要与读者建立朋友的关系。建立了信任,读者就会来报告情况、线索。如《文汇报》关于学潮的消息,主要就是靠进步学生打电话来,告诉开什么会,黑名单已经下来等等。我们马上派人去采访,还可以帮他们解决一些困难。如南京"下关惨案",就是我们与学生组织,以及在上海就和马叙伦先生等民主人士都有很好的关系。我们知道学生组织和民主人士,坚决反对内战,反对独裁,要搞活动,就在报上天天给予鼓吹、支持,并大量发表读者来信,主张应该派代表到南京去请愿和平。国民党中宣部后来公开讲,南京"下关血案"是《文汇报》鼓吹出来的,这当然是因果倒置的胡说。

一个记者,有了新闻线索后,更重要的是需要独立思考,经常在工作中磨炼自己的新闻敏感。不要轻轻放过任何一个值得注意、可以深入采访的线索,就像采矿师和勘探人员看到某种矿苗,就知道下面有矿藏,像用仪器(新闻记者凭经验和敏感)测量出矿藏有多少那样。要经常注意从小新闻中发现大新闻,尽可能采访得准确、完整、深刻,又要保证及时,写得快,还要注意扩大勘测面,看是否有副产品可附带挖掘。

1948年12月,我在香港办《文汇报》,每天写短评,每周写三篇社论,还要写一二版主要的标题。由于报馆经理远在上海,我们当时的经济也很困难,我还得兼管经营部门。虽然很忙，我也经常注意报纸的新闻信息。一天晚上，已经到了十点多钟，我接到李一平先生的一个电话，说："你有空吗？请到浅水湾某号来一趟。"我说："什么事？""你的一位老朋友来了，他很想立刻见到你。"李先生是在云南很有声望的教育家，龙云将军很尊重他，曾任云南省参议会副议长。蒋介石运用阴谋，逼龙云离滇后，李先生也愤而离滇。那时——1948年以后，他流亡到香港，和我一见如故，定了忘年之交。

我接到这电话，心想：莫非龙云来了？赶忙关照总编马季良："（当时我的名义是总主笔，掌握言论、编辑和用人行政的全局）在第一版留两千字的地位，我在十二点半以前一定回来。"说毕，坐上出租汽车（香港叫"的士"）就去了。果然，是龙云来了。他谈到自己怎样买通了美国某航空公司，在他们的掩护下，化装摆脱南京政府特务严密监视，坐飞机逃出南京的经过。我赶忙回报社，立刻写出约两千字的新闻，加框放在头版。第二天早晨，立刻轰动世界，报纸再加印；还被抢购一空。因为这不仅在香港，在全世界都是一个独家新闻。如果我说今天太晚了，不去，或者估计错误，轻轻放过，这个新闻就可能丢掉了。所以，新闻记者要随时研究情况，具有高度的新闻敏感性，不放过任何一个线索，还要打破砂锅问到底，才能采访到好新闻。

新闻,就是要抓住每一个机遇,随时随地发掘。比如,范长江同志能写出《中国的西北角》等轰动一时的新闻报道,也是能抓住机会。1935年时,他在北大读书,兼任天津《大公报》的通讯员。暑假时,他写信给《大公报》的总经理兼副总编胡政之先生,说他打算回四川家乡度假,计划在回家乡时沿途写些通讯。胡政之很有眼光和魄力,马上给他汇了一笔旅费,并为他印好了特约记者的名片,支持他写旅行通信。机遇是他回到家乡,长征的红军刚好从四川西部经过,他就出发旅行,沿路写出了红军留下的动人事迹。国民党区的人很不了解红军,长江同志用同情的笔调,以他的特有风格,写得很细致,很有感染力。所以,头一二篇问世,就有很大吸引力,使《大公报》和全国的读者都感兴趣。后来,通讯汇集成单行本,长江也由此成为名记者。当然,这主要取决于他的立场、观点和平常的修养,但那样的机遇也是很难得的。

新闻记者,特别是外勤记者,要像战士一样,时刻处于临战状态,有什么新闻就能立刻去采访。这种情况,解放后比较少了,因为很多是上面布置下来的。写出的新闻如果不合领导机关的胃口或意图,往往得不到编辑的正确估计,因而不被采用。这种状况是否有利于新闻的采访,值得我们探讨。

过去,《大公报》《文汇报》能培养出一批人才,重要原因是实行一套内外互换的制度，经常把记者和编辑的工作调换。如《大公报》考进一批，或请进一批外勤记者，先是派在本市或北京采访一般新闻，有一年半年的经验，总编辑看出有培养前途的就调过来当学习编辑或助理编辑，过一段时间——一年或两年，再派出去，到上海、南京、汉口等处当特派记者，然后看成绩和报社的需要，调回来任要闻编辑或编辑主任。这样，就知道什么是报纸的需要。这样内外互调，使记者磨炼新闻的敏感，怎样写好符合报刊风格的新闻和特写，而当过记者再当编辑就会知道采访的甘苦，不会轻易乱改或否定别人的稿件。这对记者、编辑都有好处。

新闻记者要广交朋友，多交朋友。其中要包括新闻界的同行。特别在当今社会要互相交换新闻线索，各凭本领，根据各报的读者分工，写出好的报道，而不应采取封锁的办法。竞争表现在谁有本事把同样的新闻写得更好。过去，我在香港《大公报》，金仲华同志任《星岛日报》总编辑，我们经常互通消息，交换新闻线索。每天下午一道喝茶，交换对时局的看法，晚上得到路透社或美联社的电讯，还在电话中互相核对。我们不互相封锁，搞小动作，我们也有竞争，看谁的新闻写得好，内容生动活泼，标题好，社论精辟。我同金仲华同志成为好友，就是在这方面比较、竞争。当然，像龙云忽然到港这类独家新闻是例外。总之，在办报的认真，写作、标题、版面安排、新闻评论等方面，精益求精。当时我们这两张报都是下了功夫的，香港的读者都有极高评价。

广交朋友，就能扩大消息的来源，提高新闻的质量。

新闻稿的精益求精

新闻的写作，总的要求是鲜明、生动、准确，这样，才有可读性、可信性和可感性。

首先，态度一定要鲜明。对任何事物，你总会有倾向性。站在什么角度写，说明什么问题，自己的态度、观点，要显示得很清楚。当然，观点不能外加，而是通过事实本身来显示出宣传的倾向，表明自己的态度。

其次，要严格注意准确性。不但事情本身应真实可靠，连细微末节的地方也要确准。稍有失真，就会引起读者的怀疑，失掉读者的信任，降低宣传效果。十年"文革"，报纸的声誉下降，新闻事业也经历长期的浩劫，教训惨痛。经过中共十一届三中全会近六年的拨乱反正，报纸工作已走上健康发展的道路，但残留影响，在读者中还不易肃清；有不少读者，迄今往往还会怀疑宣传的内容，好的，不见得有这样好吧？坏的，事实可能有甚于此吧。这些,都是长期"左"倾,长期"假、大、空、套",说过头话,"客里空"等的后遗症。所以,我们今天要对新闻的准确特别重视。要经过很好的调查研究和深入的采访,把每一个细微末节都搞得清清楚楚。

再就要写得生动,有吸引力。如果文章很呆板、平淡、死气沉沉,没有洋溢在字里行间的一股活鲜鲜的生气,即使正确,也抓不住读者。最近我听广播中播送有关引滦工程的通讯,很受鼓舞。过去的类似宣传,往往一般化、公式化,讲一个大工程,就是劳动大军发挥冲天干劲,怎样争分夺秒,老一套百唱不厌。但这个通讯抓住了重点,写出了特色,如内行的领导,各部门的密切配合,减少公文旅行等等,很有说服力,措辞也生动。

新闻报道大概有两种:消息、特写。用简单的比喻,消息与特写的不同,就像摄影与画画。消息像摄影,把采访的事物,某一个场景,以及有关人员,都照得清清楚楚,选的角度也好,很能吸引人。特写仿佛是画画,画这个景象,画这个人和场面,那就要比真的还要真,要把摄影不可能照出来的方面,如精神面貌,内心世界等都反映出来。这就需要高度的艺术。所画的人物,能把精神世界都显示于画面;画一个东西,也要有很强的真实感、立体感。这是很不容易的。当然,还得保持自己的风格。有的用泼墨山水,有的用工笔,有的善画油画,有的素描高超。使用各种艺术手法,无论是摄影还是画画,都要真实,不能有外加的"浪漫主义"。画画是艺术,好的要比摄影还显得真实,这需要很大的功力。

我们多少年来受"假、大、空"那一套的影响,再加上不少人缺乏新闻记者的基本功,有些记者同志,还达不到上述的要求。

我们要做一个好的画师,应该继承和借鉴中华民族的优秀遗产。不但要临摹,钻研那些名篇佳作,更要有所前进,创造出自己的风格。

中国古代文学的词汇很丰富。同样描写一种事物,有不同的字眼。一种是音韵的不同。大家知道有一本《佩文韵府》,供写诗词歌赋参考的。同样描写桃花盛开,或者杨柳发芽,或者明月初升,为了押韵,押的是一东韵、二冬韵,还是三江韵、四支韵,就有各种不同的字眼可以选用。还有一种就是上面讲的分寸、分际。同样的意思,如早上,可称晨光熹微、黎明、清晨、初晓、朝暾初上等等,看似相同,而含义有些微小的差异。报道中用黎明恰当,还是用清晨恰当,用晨光熹微好,还是用朝暾初上好?分际就要掌握得准。还有成语,很多意思相近,在这个地方某个成语恰到好处,用另一个可能过头了一点,或者可能不够分量。所以,要对语言下苦功夫锻炼。杜甫有

"语不惊人死不休"之说，人们常称古今中外的大文豪为语言的巨匠，语言的大师，可见掌握语言的重要性。搞新闻工作，在运用语言方面如果没下千锤百炼的功夫，达到得心应手，挥洒自如，信手拈来，恰似"言从己出"的境界，就很难状物叙事，使人喜读、可信，有震人心弦、沁人心脾、如在目前之妙，写出真实、准确、生动传神的报道。

报道的语言需要下苦功夫，说话也是同样的道理。如我们听球赛。为什么播音员宋世雄的口头报道能够使人有亲临现场之感呢？他懂行，对各类球赛的规则，各位球队队员的长处都掌握，口齿伶俐，用语生动，讲得形象具体，活灵活现，大家听了都感到够味，过瘾。那次在香港的中、日、美三国女排比赛，那个广播员就没有这本领，报错的地方可能不多，而老腔老调，球怎么过去了，怎么往下一扣，某某球员发的是上手飘球等等，像听流水账，没有真实感，不能把场上的气氛，争夺的激烈情况从广播中表现出来。这就是功力的问题。常识关、表达关都没有过，所以听众听了不过瘾。

不久前看到《北京晚报》有一篇小特写，写中日友谊。我认为写得好。友谊是在描写交游中说明的，分量掌握得好，用词准确、生动。比如写一位日本的进步朋友，也想日本成为社会主义社会，但却没有这样的字眼，这就是一种技巧。这是我们在场的一位学员写的。我在上海经常注意年轻同志写的东西，达到如此水平的不多。大概上海《青年报》有些青年同志写得好一点。但总的还显得不够。一是标题太一般化，什么友谊，什么感情，任意文章都可以用。这就使这篇特写减色了。二是比较而言，词汇的生动、文笔的简练还不足。如果同过去的名记者比照，还显得功力不够。当然，这是以高标准而言。

关于新闻的采访和写作，先谈这些。

六、新闻编辑与报纸版面

编辑工作分两个方面,一是怎样把稿编好,整理好;二是怎样把版面安排好。

编辑工作是报社里最主要的工种,以工厂作比,采访工作是采集原料,或初步整理为部件、半成品的工种,编辑工作则要把这些原材料或半成品加工、组装、变为成品。报纸的面目、内容、精神状况、态度倾向等等,都与编辑工作关系极大。等于是商品,出来的报纸是否受欢迎,合不合规格,达不达到宣传的要求、效果高不高,编辑部门的工作有决定性的作用。一般而言,编辑不外以下几个程序。

新闻素材的清理和准备

我是常常把编辑比作厨师的。我讲新闻烹调学就是这个意思。

清理工作，等于原料、部件、半成品送到编辑手里，有两道工序。一是分辨。比如蔬菜，如黄瓜、毛豆、青菜等，是否新鲜；鸡、鸭、鱼、肉，有无腐烂、变质现象？首先要加以辨别、清理。如外来的稿件，未必每篇都全部可靠，有没有过头话，有多少"水分"。要仔细核实处理。如青年报对财经新闻，就要缩短或改写，少年报就更要选择文字通俗化、口语化，有些少年儿童不必知道或不能理解的，不要勉强用。即使本报记者采写的稿件，也不可能是全可用的成品。像蔬菜，外面还可能有烂叶、泥土，还得剥去、洗干净。

这工作很关键，编辑的文字关、常识关、政策关就体现在这里。由于过去"假大空"那一套的流毒未清，外勤记者中的一些稿件总要加点帽子，如在某党委领导之下，在什么环境下等等。对此，编辑就要衡量，是否需要这些话。还有，编辑对有一些问题要了解、判断：其稿件中有没有"客里空"的东西。

晚清和民国时期用银圆时，我们去买东西，伙计都要能辨别真假，敲一下听听声音，查明是否假的或"哑板"。那时的每一个钱庄里，总有一二个老师傅，清查的本领很高。钱庄里每天成千上万的银圆，不可能一块一块地敲，老师傅用右手拿一百块银圆，往下"泄"到左手，就可以把假的、成色不好的，过眼就挑出来。而且很准，几块"哑板"，几块假的，一下子就抽出来了。我们一个好的编辑，应该有这种本事。那么多稿件送来，要凭你的本事、功力，看出此稿虽然是新华社或外国通讯社所发，里面却有"客里空"，虚假，甚至不合常识的成分，应挑出来。这样，报纸就不会有假的东西混进去，像保证蔬菜又清洁、又新鲜，等于一道菜的原料，鸡、鸭、鱼、肉、蔬菜，下锅搭配时要先清理，这块肉有点味道，不行，不新鲜；菜根似乎没洗干净，得冲一冲。这项清理很重要，否则下锅后，炒得不管多好，还是会出毛病。

做好进一步的加工

对稿件加工，就是润色、标题、决定编排在什么地位，没有好导语的就重写，对记述有增删，使结构文字简练、生动、精美，至少要消灭语法上的错误。有些再配上图片，等等。等于菜的加工。

还要考虑读者的口味，"消化"力。《人民日报》登这条新闻，就可能与《光明日报》不相同。因为主要读者对象不同。工人报，青年报，少年报，也各有主要的对象，都要有各自的特色，有自己的"菜谱"。同样的菜，烧的火候要因人而别。要想到老年人的胃口不容易消化，壮年人却吸收力强，需要就有所不同。目的是增加读者的营养，让中国共产党的方针政策深入人心，变成自己的动力。火候还要因菜而异，炒腰花、猪肝，火要大，而炖鸡、炖蹄膀，则要用文火慢慢炖。否则，不是老了，不嫩脆了，就是还半生不熟。

新闻要打扮，像女孩子要修饰。打扮就是编辑上的功夫。

有人讲"七分人才三分打扮"。女孩子要美，但如果不打扮，即使长得很好看，蓬头垢面，就显不出美色风度。

报纸的打扮也很重要。标题、导语、摆的位置都要注意，有时候要加框，使其醒目，特别是好的新闻要富于立体感，让它立在版面上，而不是躺在版面上。这是编辑的第二道工序。标题很重要，后面还要详细讨论。

版面安排

一个版面，好比一桌酒席，要搭配恰当。不能像蹩脚的厨师，端上来的菜都是一个味道，全是大鱼大肉，全鸡全鸭，尽管原料好，却不是淡了，就是太咸，没加葱姜，或辣味太重了，总之，全引不起别人的食欲，甚至看到就使人倒胃口。像《中国烹饪》杂志介绍的各地名厨师所精心调制的筵席那样，大菜小菜，热炒冷盘，甜菜酸菜，各尽调味之能事，花色丰富，搭配整齐。这才能色香味俱佳，使人闻到、看到，就食指不动，垂涎三尺。一个版面，特别是第一版，要在这些方面多下功夫。因为第一版一向被称为要闻版，橱窗新闻版版面，应有更大的吸引力。

我国在20世纪20年代以前，几乎谈不到有什么编排艺术。有的报纸只是标出一行的简单题目，有的则是分"本报专电""外电""国内通讯""本市新闻"等几个总栏目，每一新闻，不写标题，胡子、眉毛一把抓，像一大锅大杂碎。后来，才分国际新闻、国内新闻、本市新闻、经济、教育新闻等等；也有了标题，不分主次，一律是同字体的一行标题。大概从1926年天津《大公报》开始，学习日本的编排，所有的重要新闻都放在第一版，以后是国际新闻、经济新闻、教育新闻等，开始讲究版面艺术，突出重要新闻，大小搭配有致。

重要新闻摆在头版，这仿佛是商店的橱窗。比如王府井百货公司进来的最新货色，最吸引顾客的商品精品，摆在橱窗里，让人家看，吸引顾客去买。报纸也是如此，橱窗应设计好，今天重要的、最新的、最吸引读者的新闻都拼进去，安排得又恰当，这就是艺术，百货公司或其他大商店的橱窗摆得好，吸引人，这也是艺术，有专门的人员布置。

第一版尤其要有立体感,叫人家一见就非细细看、看下去不可,像小孩看见心爱的玩具而被吸引那样入迷。

当然,其他各版也要注意这个问题。尽管不是橱窗,但每一个部门,每一个货架,陈列得要整齐,又要把重点的货色,畅销的、新来的货色,都安排在重要的、突出的地位。

头版的版面,要人家看来像一桌酒席,色香味俱佳。一进餐厅,来到桌前,就感到这些非细细品尝不可。但不称职的编辑搞的版面,一看就是老一套,使人生厌。就像掌灶师傅所烧的菜,尽管质量好,但总是大块的红烧肉,下面衬点冬瓜,没有什么味道。天天如此,只有饿得厉害才会去吃,有什么吸引力呢?在"文革"十年中,则是满桌腥臭,而且一味加辣再加胡椒、葱姜,使人味欲呕,入口则辣得满头大汗,无法吞食下去。一个好的编辑,拿出来的不说每条新闻都好,至少有几条是立得起,而且熠熠生光,一看就被吸引住了。

当然,有些接待外宾的菜,有的上面雕一个凤凰,中看不中吃,吃的时候还得拿掉。这有点"形式主义"。但是,对于菜的本身要配好。比如加点香料,加点蒜,姜末子。像小笼包子,加点姜丝,就是应该的,是提味。有时候,要摆得好看一点。炒什锦里放上几只红的大虾,切两片番茄,加点蛋皮,调和色香,又有吸引顾客的作用。这就要每个菜和一席菜都搭配好。

报纸的整个版面也应该如此。过去的编辑，相当注意这个问题。版面要有几个一栏，几个三栏，几个两栏的，加框的，搭配都很讲究。主题和副题的位置，标题的字要精练，不能撑天立地，这样每个版面都要搭配整齐。很活泼、生动，又能根据新闻的重要性，分清主次，使整个版面，流动疏畅，而有立体感。

编辑在拼版时，往往是自己到排字房指导工人去动手。但有经验的，在发稿时就有一个全盘的考虑，胸有丘壑，统筹安排。今天上班时看到来稿，就知道有多少新闻，哪些是大新闻，哪些是中等的、一般的，有些可以删节成为简讯的，哪些是较长的，应加分题，使人醒目；哪些虽是小新闻，却特别有趣味性，宜加个框成为"花边新闻"。哪些应该登较突出的地位，都心中有数，发新闻时就妥当安排，做到错落有致，富于整体感。有经验的编辑，一发完稿，大样拼出的版面是什么样子，早已展现在眼前了。

我初编版面时，是教育版、经济版、地方新闻版，后来编要闻版，有三四年。开始时，发一篇写上发稿单，大概多少字，三栏的就画四个圈，两栏的画三个圈，两栏题一栏画两个圈，加框的则另加符号。发一条都记一笔，拼版时再衡量，注明哪些在前，哪些在后。写次序时，版面如何拼起来，已心中有数了。外行的编辑或经验不够者，写的一、二、三、四，拼版房按你的意图就拼不下，或者是两条题目上下"碰"在一起了，或者几条大新闻——四栏、三栏的拼在一起，转不了弯。有经验的就不至于如此，所排的次序都参差错落，合于版面。后来，我到香港《大公报》主持工作时，亲自掌握第一版，就比较有经验了。拼版的老师傅也知道我的习惯，等我下的发稿单划好次序送给他，一分钟内就把大样打上来了。同我的意图完全一样。因为这位拼版工人也摸熟了我的"路子"，早已做好准备，三栏是怎样摆的，两栏是怎样摆的，比较沉闷的地方，就加一条花边新闻，让读者感到新颖，既耐看，又吸引人。这些多是多年积累的经验，所谓实践出真知嘛。

编辑，是一项很不简单的工作。但"文革"中就很简单了，样样都打电话问《人民日报》，不考虑编排技巧，版面设计，艺术安排。长文章摆不下，都转到别的版面去——有时只剩下十几行，也照转而不加变动。没有整体性，灵活性，使人望而生厌。

现在，我们的一些报纸，像《人民日报》《羊城晚报》《新民晚报》等等，都各有特色。各个版面都不同，也打破了不少常规，晚报对于日报上用过的重要新闻搞摘要，不再照登不误了。总之，都能力求突出自己的特点。

我对这几年新闻广播的内容有看法。往往是晚八点的广播与第二天早上的内容有百分之六十的重复。当然，重要的也可重播，但是否稍有差别？像外国的新闻，每个时间都有一次广播，基本上皆不相同。不是重要的，次要的新闻广播也可以。最近，不论中央台、北京台或上海台，在这方面大有改进。

我们的报纸好像有一个框框，登的头条、二条往往不是按新闻的重要性，而是按"政治待遇"。等于我们开会，政治局委员是一个规格，部长是一个规格，等等。好像都是有一个规定的。我们的报纸应该生动，考虑的主要是政治影响，宣传效果。我的想法可能错误。比如人大六届一次会议期间，上海跳高运动员朱建华打破世界纪录，这个新闻却登在一个很不显眼的角落。如果我是版面编辑，就要加框摆在头条。当然，人大开会是重要的，但那天恰好没有大会，是小组会议，军队组、教育组的发言。这些也应该摆在重要位置，但是否可以突出朱建华的跳高新闻，摆在头条。因为这与振兴中华大业有关，是激动人心的事，是震撼世界的大新闻，有史以来，在田径项目中，这是我国最突出的成就。为什么旧中国无法梦想，"四人帮"时也不可能出现这种纪录？我们今天的体育运动冲出亚洲，面向世界，说明改革开放以来的精神面貌大大不同，各方面都奋发图强。朱建华能打破世界纪录，而且是田径项目，非常鼓舞人心，为什么不可以登头条呢？就吸引力讲，不管是老年青年少年，也不管工人农民干部，都会注意这条消息。而且鼓舞、感染力也很大。假如人大、政协那天是开大会，当然不能把朱的新闻放头条，但那是正在进行中的小组会，所以应根据实际情况灵活处理。

今天发表中国女篮获第三名的消息，我看也处理得小了一点。可以摆在要闻版。中国的女同志真是了不起，垒球得世界锦标，女排两次夺得世界冠军，现在女篮也冲上来，冲到第三位了。运动不算小问题，这说明一个国家的志气，拼搏的精神，对各界人士，特别对青年是很大的鼓舞。我们是否有老的框框，体育新闻都得摆在本市新闻、国际新闻或体育版里？好像只有女篮得世界锦标时，才能摆在要闻版。我看，框框也可以"冲"破一点。

我记得，1956年，《文汇报》复刊之初，我编辑一条新闻：全国人民代表大会代表、越剧名演员袁雪芬同志三十多岁结婚，家庭生活很美满。我加框登在头版。这打破了规格，解放以来没有这样的新闻登头版。有些人不以为然，去问夏衍同志。答复说：这是《文汇报》大胆尝试敢于创造的精神。我们就应该这样革新，这说明夏衍同志对办报真是内行，富有创新精神。他当时是文化部副部长，特别答应我们的恳请，任《文汇报》驻京馆外编委。

这说明一个版面要多思考。像朱建华跳高破纪录的新闻，考虑它的政治意义和影响，摆的位置就该突出一些。等于我们办一桌菜，很不容易才搞到一条活鲜鲜的、品种珍贵的鱼，做成菜，当然应该细细调味放在菜单的重要地位。顾客会特别重视。不要老是海参、鱼翅、鸽蛋做头菜，形式一成不变。

还有一项基本功。好的编辑，能够对稿件顺势整理。文字的功夫，有时能点铁成金。比如过去，有些外勤记者的文字水平差，或写得不生动，或者详略不当，重点不突出。我们就把作者找来，指出哪些段删掉，并问清内容，哪些应补充，哪些形容不当，修改后，好的编辑可以把一篇报道加几个字，换几个形容词，或加点形象化描绘的话，就能点铁成金，把不够好的变成生动引人的了。例如，过去我在《大公报》，看张季鸾先生修改稿子，就有这样的本事。很多社论、星期论文，尽管是名家所写，他都要润色。胡适的稿件，他认为不符报馆的风格，同样要修改。王芸生编著的《八十年来中国与日本》，曹谷冰写的《苏俄视察记》，差不多每页都细细改过。当时王三十多岁，文字水平、经验都还不怎么成熟。经过张的修改，文字够通顺优美了，应该补充的事实，也得到充实。曹是德国留学生，那时不过三十多岁，先后从苏联寄回来的通信，经过张的整理、修饰，读起来就流畅、吸引读者了。包括范长江同志的《中国的西北角》刊出前,也经过张在文字上一定的加工。这是编辑应该具备的基本功。

现在我们评特等、高等记者,外国也有。好的记者,工资比总编还高。像李普曼这样的,可以写出很优秀的新闻。过去一些报纸没有高级记者的名义,但驻京、驻沪记者,待遇一般和总编相同甚至还要高。如邵飘萍月薪为三百元,张季鸾在没有接办《大公报》前,曾做过《新闻报》驻京记者,月薪也是三百,《申报》的总主笔张蕴和、《新闻报》的总编李浩然先生,听说月薪也不过三百元,而《申报》的总编只有二百六十元,副总编如严独鹤等,只有二百多元。这个传统也可借鉴。要用其所长,很好的记者不一定要让他当总编,很好的科研人员不一定当所长,担任行政工作。我知道有一位化学家,很有研究才能和发展前途,但提升为校长,他苦不堪言,什么公文都要他签字,还有各种会议,忙得很,没法发挥自己的长处。报纸应该有些特级记者,工资可以超过总编。这样,既符合"按劳取酬"的实质——凭劳动质量评薪,也可以鼓励各显所长,使人才辈出,后浪更胜前浪了。

报纸各版是一个整体

以上主要讲一个版面,就是一个整体。同时,一张报,各版之间，也要有机联系，像一桌大菜，搭配得好，是一个整体。

在这个问题上，有两种想法。一种是有的报纸着重搞副刊，有几个副刊。是否报纸除新闻外，可以搞科学、文学、史地，作为副刊？另一种认为报纸主要是搞新闻。当然，并非四个版都是新闻，而应该多层次的进行宣传，不要脱离报纸的主要任务。报纸是用事实来宣传的。例如中国女篮得了第三名，可以多层次报道。宣传比赛的情况，成长的历史，过去情况如何，现在怎样跃入世界第三位，成为世界强队之一。此外，训练的过程，教练的作用，可以作为材料，图片，多层次运用。过去，一个新闻出现，可以介绍其背景材料。如国共和谈，目前碰到障碍的新闻登出，我们还有个版面叫"新闻窗"，把重要的国内外新闻的背景材料，及时提供。如遇到上述新闻，就以材料说明国共谈判不能进行下去的焦点何在，责任者有意破坏的往事和用心如何。再如1946年的"下关惨案"，也是多层次报道。报道国民党有意制造暴行，然后报道去南京的代表，如马叙伦先生、雷洁琼先生等的简况。多层次，就多姿多彩。

当时，徐凌霄反对报纸搞那么多副刊，认为脱离了报纸的任务。我前面曾说：中国报纸有一个传统，登一些文人的诗词歌赋，所以后来发展为副刊。今天，我们仍然还要保持这样的传统，像《新民晚报》就有两个副刊，这也是好的。但要注意，不能悬空不着边际，与新闻完全脱节。我认为徐凌霄先生讲的与时事无关的文艺不应见报，这是有相当道理的。我们报纸主要应多层次地报道新闻，第一版、国际版或本市新闻版报道新闻，另外的版面篇幅，可以用文艺形式出现，可以用新闻窗，或读者来信，形式多样，但中心问题都是反映社会情况，作为新闻的另一形式，多层次出现。这关系着如何改革，打开报纸新局面的问题，值得我们探讨。

今天，一般的报纸只有一张，登广告还要占一定篇幅，地位有限。要真正做到多层次，使新闻报道更有说服力，解释清楚，背景材料充实、及时，版面就有点不够。副刊应该有，但似乎不宜汪洋一片，轻重倒置。最好能与新闻扣紧，作为一个层次。如用杂文和小说反映社会最主要的新面貌，新人新事，还有如以杂文形式，批评经济犯罪现象、社会上重视法纪不够等等，而不能毫无联系，如今天来写一篇赛金花的小说，明天写一篇光绪皇帝的掌故，与现实毫无可联之处。发表这些作品不是报纸而是文艺刊物的任务。

当然，像晚报等，发表新闻只是日报的补充，主要有调剂读者工余文化生活的任务，自当另作别论。

虽然我们的文化事业，包括报纸，是以商品形式出现的，但不能商品化。如果完全以推销商品的形式去迎合读者和观众，加一些色情和武打的刺激性东西，产生的社会效果就不好。现在的报纸，往往有小说连载。我看也可以。但多少应能与当前的形势有关。比方，登李惠堂的传记小说，写得好，把他苦学苦练足球的经历，把他在球场上带新生力量的动人事迹，把他高尚的体育道德，都生动形象地写出来，这也可以对今天的运动员和其他人有教育意义。但是，如果无缘无故地登一个西太后外传，吕后故事，七侠五义等小说，就是商品化，没有现实意义了，也与中央的政策，宣传的时事重点没有关系，这样的连载就没有价值。假如登历史事迹，也应借此讲透社会现实中的某些问题，不要凭空去谈历史风气问题，或讲以前的农民运动，就没多大意思。科学也是如此。如新的发现，新的成就，当然应作为新闻登出。反之，则应考虑与现实的联系。

总的说来，要使新闻宣传多层次、高效率，与读者血肉相联。不要忘掉报纸是以事实来进行宣传的，编辑应时刻牢记和重视这点，密切注意报纸编排的新闻性。

新的技术革命浪潮，正在汹涌澎湃地滚滚向前，其发展之迅速，真正已达到日新月异的地步。正如一个美国人讲的：以前——70年代以前，制造出一套新设备，至少可以维持三年五载的先进，进入这新技术革命后，一部新机械、新技术成果，刚试制成功，可能已发现是落后了。在信息机构本身，当然更是如此。我1980年旅港时，看到"摘字机"——代替中文排字的电脑机器，已在广泛试用，只是改稿有困难——改动、添、减一个字，颇麻烦，所以还只用于排制标题上。现在，听说自动转"行"、调整的问题已解决，国外很多中文报纸已废除排字车间了。我们在英文《中国日报》馆也可以看到，发稿、拼版等都可在电脑、屏幕上进行。至于印刷，则用胶版、电脑印报机，既清晰又迅速。据旅美友人函告，美国报纸的记者，可以在家中写稿，由电脑自动打字机直接传到编辑的屏幕上。编辑不再用笔而用电脑机改稿、整理、标题，按电钮存储起来，拼版也利用电脑机。

据预言，到20世纪90年代初，可以利用电话、光导纤维和人造卫星，不论多么远，报社可以把"报纸"立时传到订户的屏幕上，读者可以逐版细细阅读；认为有用、有参考价值的内容，可以按电钮存储或复印、放大。

总之，单说传播媒介领域，今后的变化，必定越来越迅猛，三五年内，将发生什么样的变化，像我们这样已闭塞了二三十多年的人，实在难以想象。所以，我们的新闻事业，要赶上现代化的步伐，也应有一个急起直追的紧迫感。

但无论传播媒介——工具变化多么大，发展、改进多么快，人的头脑，总还是要起主导作用的。比如写稿，尽管可以运用自动打字机，很快可以传到编辑部，不必重抄、誊录，但如何写，写得如何明确、生动、有特色而富于吸引力、说服力、感染力，还要靠记者自己的脑子。

编辑、总编辑也一样，可以利用电脑设备，迅速清理稿件，迅速修改，并迅速能得到要的资料——不必再去资料室翻阅，也可以迅速制出图表等新闻配合材料。

但标题应怎样写，改稿如何掌握分量、分寸、分际，图表表现些什么等等，还是要编辑多动脑筋，还要讲究艺术，才能提高宣传效果。

所以，上面所谈的一切，即使到了 90 年代或 21 世纪，依然还可供新闻工作者参考。

七、新闻标题

为什么要把新闻标题单独抽出来讲？因为这个问题有很高的艺术性。

新闻标题要炯炯有神

我们讲题目，这"目"就是眼睛。随便见到一个人，首先看他的眼。如果很有吸引力，炯炯有神，你就会多注意。题目在新闻中，就是纲举目张中的纲。像渔网那样，把纲举起，就能把新闻的整个精华抓住，高度地概括出来。过去——解放以后，我们就不讲究，只注意政治性，到了"文革"十年，更是乌七八糟，一些重要"新闻"都是长题目，一行不够就转两行，甚至三行，完全违反新闻题目的要求。

题目要简练、明确。不能含糊，一般化。好的题目，有高度概括性，能够非常恰当地把新闻题目或社论内容有机地结合起来。

过去，标一个头条新闻，主题常用八个大字，要炼字炼句，很花功夫。中国的方块字也富有艺术性。用什么字才准确、恰当、生动、形象，还要讲究音调，读来有音韵节奏，朗朗上口，很值得推敲。一般讲，无论大题小题，总需要概括，万不可千篇一律的题目，像"四人帮"时那样动辄在"伟大的毛泽东思想指引下，形势大好"等一类空套入题。

过去，我们故意把某些题目标得一般化。如我们反对伪"国大"，一般新闻，不能不登，只当作"例行公事"，就写个"国大简讯"，或者国大近况，天天的题目一样，表示没有什么新内容。这样做，也是那种形势下的宣传艺术之一。

一般地说，要把真正的新闻内容概括地标出来。1980年，我问香港《文汇报》的同志做试验，曾把当天香港二十几份大报的同一条新闻的标题抄下来比较，几乎没有一条好的。一张左派报纸登了赵丹病危的消息，副题是两个：一是黄宗英经常在医院照料，二是华国锋主席和韩芝俊女士昨日亲往医院探视。我说第一个是废话，黄是赵的爱人，经常去照料是应该的，何必标出来？不去照料才是新闻，应该标出。二是在那样的环境，何必提"主席"这类字样，就写"华国锋夫妇昨日亲往探望"

即可以了，无需那样多的字。另一个中间偏右报纸更荒唐，文不对题。刚好那时有个美国影星也病重，它标了"中西影星同病相怜"。其实，赵和这个美国同业从不认识，患的病也不同，一是肺癌，一是脑子的病。另外，他们既无友情，也谈不上相怜。这怎么能如此乱联一起呢？这是为了套用一句老话弄出来的。

标题，一定要确切。中国女排在日本首次取得世界冠军，当时我正在厦门讲学，就把当天国内各大报的有关标题浏览一遍。有的标"五星红旗在大阪体育馆升起"，眉题，"中国女排取得冠军"。头一行题偏于一般化，因为我们在国外比赛中，五星红旗升起已不是第一次了。还有些标题也一般化，什么经过激烈的多少分钟的拼搏，中国女排取得冠军等等。但是，《体育报》的标题就十分好，眉题是"三大球首次面向世界"，比较确切地把这个胜利的重大意义概括了。我们过去主要是羽毛球、乒乓球等小球好，而三大球在世界上较落后，所以这样的标题很贴切。

前几年，有"冲出亚洲，面向世界"的标题，在亚运会时《体育报》即用此题。这表明中国决心在亚运会上出成绩，我国的健儿们有此雄心壮志，标题能概括这些意思，不过，将来随着我国体育水平的提高，像女排、女篮、男子的体育水平也上去了，到某一天，"面向世界"这四个字就可以而且应该用"问鼎世界"。这就是分量、尺寸。冠军多一点，当然应该问鼎世界。

新闻标题有评论意义

标题，是评论和新闻的结合部。它既要能概括新闻，又要带评论的意义。我们的倾向性，立场、观点，要在题目上表现出来。但这不能外加，要恰如其分，顾及新闻本身的事实。这就是客观性与倾向性的结合。

每一个报总有倾向性。西方的所谓客观主义，实际上也带着某些利益的倾向性，不可能真正客观。我们反对所谓的客观主义，但一定要尊重客观。新闻事实是客观存在，不能主观臆造的。所以，作题目要根据事实，而不能采取主观随意性的手法。

为什么说新闻标题有评论意义呢？一个好的标题，可以代替一篇评论。比如前几年马寅初先生平反时，《光明日报》的标题为"错批一人，误增三亿"，很有力。因为当年错批了马寅初先生控制人口、计划生育的理论，提倡我们有六万万双手，有社会主义制度，加上人民群众的积极性，人口再增加几倍也不要紧这类的"豪言壮语"。现在事实证明这个说法是错误的，马先生的理论是正确的。只因错批一人，却使国家损失很大。假如按照马寅初的理论实行，可能今天的人口不是十亿，而还能控制在七亿上下，中国的事情就好办得多了。这样的标题就是一篇评论，既概括，把马寅初先生受冤屈的事实标明，又带有鲜明的评论语气。

标题中常借用诗词，因为优秀的佳句能给人有立体感，美的享受。当然要信手拈来，恰合事实。

我年轻时（1925）在无锡第三师范听过恽代英同志讲话，他那时大约三十岁，口才好，一上台，眼睛把会场一扫，开头就能吸引住全场的学生。他讲话非常通俗，但意义非常深远。我们无锡师范本来是一个保守学阀控制的学校，从那次讲话后，却有三分之一的人参加了大革命。报纸的标题应该像优秀的演说家，一露面就抓得住广大群众的心。

如果说一篇社论代表一张报纸的立场，面孔，那么，标题就是报纸的眼睛，特别是主要标题，更有目光四射、传神达意的作用。从眼神就可看出报纸是死气沉沉、昏暗无光，还是炯炯有神、光彩照人，区别出你的优劣。

在晚清和民国时期，同样一则新闻，各报的标题可以完全不一样。除立场、观点外，谁的标题吸引人，谁就可以吸引更多的读者。在那种情况之下，每一个标题都是需要精心思考，下一番功夫的。

周恩来是一个了不起的革命领导人,在办报上也是一个能手和好的领导者。他把中共中央的统战政策很好地体现于报纸宣传中,例如大家知道的一个标题"千古奇冤,江南一叶,同室操戈,相煎何急!",多么概括,多么凝练,立场又多么鲜明,而分寸又如何掌握得好!我常想:当时《新华日报》如果能发表关于新四军事件的消息,周一定用这个标题。结果由于国民党政府的千方百计的阻挠,只发表出标题——题词的形式,这是个头等的标题。上半句指出国民党制造这个事件的真相和谁是罪魁祸首,下半句体现中国共产党的"有理、有利、有节"的政策,尽管国民党反共已是第二次高潮,但我们还是要团结抗日,是揭露,是责备,不是痛斥,更不是谩骂,很有分寸。假如新华社在蒋管区自己发稿,也会用这个标题。

新闻标题是艺术

标题是一门艺术。

近年来,各报出现了不少好的标题。像《羊城晚报》,去年有一则消息写某区委书记主动调查本区冤假错案,给予平反。如果用具体的题目,就说书记怎么关心群众疾苦,深入平反。

但这个题目借用古代民间故事中，有冤案只得到大堂击鼓的情节，用"未曾击鼓已升堂"，更高一着，表明中国共产党的有些好干部，不用老百姓找上门来要求申冤，而是去主动解决。很形象而有吸引力。《新民晚报》也有类似的标题，如一条新闻讲的是某干部不受关系户的影响，如何好，题目为"打不开的后门"，也能概括，有神。还有《羊城晚报》的小标题，也做得聪明。有次报道过路少年搀扶老人过街，他平时做了很多好事，标题不落俗套，用"美哉，少年"，借用京剧《红梅阁》里的一句念白，表现其行为美，心灵美，很有吸引力，点明了主题。

标题，一种是实题。就事论事，概括其内容，抽出文中最主要的部分，直截了当。一种是虚题，更要高度概括，并且带有总结或论说之意，是间接性的。

某天，《新民晚报》中出现两个可作正反例证的标题。一是上海正处黄梅雨季，各处房漏，有关部门忙不过来修理，题为"阴雨绵绵月，房修处处忙"，读上去音调很好听，又微含批评之意，为什么平时不维修，下雨就忙了？同一版还有个标题，我很不赞成，"孙膑若在世，两腿健步行"。一是太夸大，分量过大，分寸没掌握好，二是用典错误，起了相反的效果。这些，我前面已谈过了。

1980年我在香港时，《大公报》《文汇报》《新晚报》对有些国外新闻不敢登，怕是假的。我不赞成这样的选稿标准。我认为可以登，在标题上见功夫。假的，可以在标题上指出，让读者明白。半真半假的，可在标题上加以区别。一律不登这些消息，那即使是很进步的读者，也非另订别的报不可，因为它们的消息全。

我有亲身的经历，国民党侵犯延安后，许多报纸都大吹特吹，得意扬扬。什么"国军昨日空前大胜，攻克延安，包围歼灭共军数十万人"等等。南京路上一些国民党机关还大放鞭炮庆贺。我那时在《文汇报》，那天晚上写的标题是这样的："延安昨日易手，国军长驱直入"。"易手"，说明换了人，不用什么"攻克"，在这坏境下，自然也不能用"失陷"等字样，显得很客观；"长驱直入"，说明没有遇到抵抗，我们是主动战略撤退。当然，在当时情况下，不可能说延安共军是坚壁清野，主动撤退。但上面这样的题目，读者一看就明白：原来国民党军是"开进"延安没遇到抵抗。国民党的一切胜利，什么歼灭多少人，共军怎么惨败的谣言，不攻自破。同时，这样的标题还能通过新闻检查，抓不住什么问题。因为全是事实的概括。这不仅是标题的艺术，也是斗争的艺术。

所以，我认为总编辑要把关，掌握标题的尺寸，是批评、斥责，还是拥护，标题上要巧妙而又妥帖地体现。

好的标题，令人拍案叫绝，印象深刻，多少年后还不会忘掉。1980年我去香港，同《文汇报》的同志谈标题问题。当时总编辑金尧如同志插话说：在1946年和1947年间，他在上海暨南大学读书，是学生会的主要干部，经常到《文汇报》去送学运的稿子。他说，当时有一个标题至今未忘。蒋介石与孙科闹矛盾，别的报纸有的说孙科态度消极，有的否认此事。《文汇报》的标题是"孙科何事消极"，让读者自己思考。思考后，自己会下判断：原来蒋、孙之间发生权位的冲突了。自己下的判断，印象最深刻，金尧如同志三十多年后还清楚地记得这个标题。

写新闻，作标题，不要完全露在外面，要有内涵，耐人寻味。不要写十分，自然更不该写十二分，过头话千万要去掉。我们讲艺术品，中国好的山水画，内涵丰富，笔意深远，看一遍还想看，百看不厌，总觉得这里面还有很多有余不尽的东西，这就是中国的艺术特色。好的标题也应该有这样的魅力。

解放之初，我有一次在怀仁堂看梅氏父子演《断桥》，朝鲜艺术家崔承喜坐在旁边，我问她观感如何，她说：梅先生真了不得，年近花甲，唱腔还这么美，表演则一举一动都很美，是古典舞蹈的美。而且，他的美有七分是内涵的，观众会体会、欣赏，表面的美只有三分。姜妙香先生的艺术也不错，但表面上的美有七分,内在美只有三分。小梅先生毕竟年纪轻,功夫、唱腔的美全表现在外面,看不出内在的东西。后来我回上海,同周信芳先生谈起崔的这段话,周信芳说,崔对中国的艺术是真内行。他还告诉我上海过去有一位老演员王琴侬,年已近花甲,身体发胖。但他的艺术根底深,站在台上,怎么看,总有一股内涵美的感受。他一表演,就像看到一尊观音菩萨,内在很美,使观众越看越美。

我们的新闻写作,应该学习这些方面。不要像某些新闻和特写那样一览无余,看了就不愿再看。长江、子冈等同志当年写的通讯就有这种内涵的力量,能使人多读。余叔岩的《搜孤救孤》《空城计》使人百听不厌,老舍的《骆驼祥子》《茶馆》,看一遍就有一遍的味道,让人沉醉,有一种美感。印象非常之深刻,久久不能忘怀。这就要高度的艺术。新闻的写作和标题也应如此。

1931年,我在《大公报》当编辑。红军第一次反"围剿"胜利,活捉了国民党军师长张辉瓒,谭道源任师长的另一个师也被消灭了一部分,群众把张的头割下来,放在竹排上沿江流入国民党统治区域。陶菊隐先生当时为《大公报》写特约通讯,就用化名写了一篇通讯,把国民党失败的情况很巧妙地反映出来了。张季鸾先生为这一节写的小标题是:"江声无语载元归"。

元,即头。说明国民党失败的凄惨景象,有悲怆也有惋惜,很高明,使我印象极深。快六十年后的今天还能记住,可见是感人至深。

在民国时期,好的标题可以让反动派哭笑不得,读者看了却非常之高兴。有一个例子,国共和谈破裂,国民党要单独召开伪"国大"会议。他们拼命拉民盟,民盟表示坚决不参加。但上海有些流氓,无聊文人和小市民却组成一个什么"中国民主党"。要作为一个少数党去参加,实在不像样,国民党中宣部的人宣布不让其参加。我标的题为"要者不来,来者不要",概括了国民党的狼狈相,巧妙地嘲笑了伪"国大"这幕丑剧。很实的标题,就不能概括这些意思。

好的标题可以化腐朽为神奇。消极的新闻,有了好标题,可以让其发出光彩。过去,像《文汇报》这样认真严肃的报纸,总编每天要检查废稿,怕新闻漏掉。有一次,我发现华东通讯社发来的一条消息,纪念戴笠死去一周年。当然,这完全可以丢掉。但当时正是国民党特务横行,"申九"罢工好几天,学生被捕,白色恐怖严重。我就将消息缩短,写了一个标题:"戴笠音容宛在",把它作为花边新闻,同国民党镇压工人、学生的消息拼在一起,读者一看就明白,我们的意图在表明,戴这个大特务头子虽然不在了,但特务活动有增无减,这个新闻本来是

"臭豆腐"，但化腐朽为神奇，对读者可以起"开胃"作用，读者一看，就会发出会心的微笑。所以，新闻标题搞得好，就会发生意想不到的作用。如对西方的、海外的某些新闻，也可采用类似手法。当然要掌握尺寸。如香港的精神空虚现象，可在标题上表现出来，使某些青年人惊醒，起预防、教育的作用。

新闻标题，如果运用精练准确，形象鲜明而又贴切妥当的成语、典故、诗词，常可收到事半功倍的效果。好的标题要信手拈来，如王国维说的"没有矫揉装束之态"，这就一定要有丰富的古典文学知识，有较深的造诣和修养。我们应多看书，多背诵一些古代文学作品中的名篇佳作、名句警语。这样，一则新闻来了，猛然就会想到某句话，或其中的几个字，信手拈来，就很妥帖。运用恰到好处、深处，不要去生搬硬凑，强拼起来的题不会好。过去有的报纸，是先有标题，再凑新闻，很生硬，不自然。运用古代的应恰到好处，天衣无缝。

中共十一届三中全会以来，特别是近两年，报纸多样化，形式变活泼，好的标题也越来越多了。我有个想法：能否把报纸的栏目再改小。现在，主题的字太多，常在十个字上下，这样不容易精练。但栏目宽，只标四个字又不大好看。栏目改小，标题可精练突出，也便于登小文章。这与当前的改革是有关系的。

现在的标题，仍有穿靴戴帽，字数过多的，起不到眼睛的作用，应加以改革。新闻工作者在这方面的基本功，也该注意学习，过好这一关。

八、新闻评论

新闻评论,不同于以前几讲。前面讲的主要是新闻、编辑等方面的一些意见,可以供大家工作中参考。新闻评论的问题,就不大相同,可以说,有现代意义的、新闻概念意义的新闻评论,解放三十多年,几乎如凤毛麟角。今后应该怎么办?

我们当今报纸的评论

我们的报纸是有中国特色的社会主义报纸,是党和人民的宣传工具。报纸尽管没有强制性,但有指导性。是否仍像过去那样,《人民日报》的社论等于是党中央的指示,各地日报的社论,就是省委的指示。这些问题都值得认真思考。

1956年,邓拓同志曾经有个设想:报纸的评论,一种是代表党中央,一种是代表本报的某些看法。这样就灵活得多。

1982年宪法颁布后,四项基本原则写入宪法,这当然是一切工作都该遵循而不该逾越的。报纸用社论的形式出现,完全可以同党中央、省委的步调一致。但保持一致,并不等于腔调、语言一律,使人有"千人一腔,万人一面"之感。新闻应该以事实说话,语言、文风应和公告、指示有所区别。

现在好得多了,有些报纸也可以议论外交问题。《人民日报》评论员的文章,比如对两伊战争的看法,就能写。而以往则是用社论的形式,代表行使了党和政府的职能,不过比正式的外交部的照会或政府声明灵活一点。外国人看到我们一篇《人民日报》社论,表明对某些问题的看法,他们就很注意,如中国对美国向台湾出售武器的批评意见观点。甚至一本月刊的某些论点,也被认为是代表党中央的,这种"习惯"看法,对我们报纸发扬社会主义民主很不利,在外交上也会造成被动。现在我们有些改变,中央与各部都有新闻发言人。比如外交部就有外交部的发言人,不一定用报纸代表政府发言。

将来怎么样,我不敢断言。设想是党中央的指示,指令性的,还是用指示。有些事不像指示那么郑重的,是否以党中央的某一个权威人士发表讲话,对某一个问题,如对《邓小平文选》,提倡大家应该学习。这样就可以使报纸不会完全变成公告式的"公报"。

另外，一张报纸，还可以自己写社论。指导性的作用降低一点，但可以起一个舆论监督的作用。现在一听到舆论监督，就认为是要监督党。不是这个意思。比如卫生部门可以用《健康报》，对社会上不讲卫生的习惯进行批评，或者号召大家打某种预防针，做好儿童保健，等等。社论就可以用报纸的语言，进行舆论的指导和监督。对某些不讲卫生者提出批评。舆论监督是社会主义民主的一种重要表现，是在四项原则的基础上，让报纸有更多的自主权，发挥的作用可能更大一点。这当然关系着体制问题，是报纸打开新局面的参考意见。作为一个老新闻工作者，提出我的看法，目的是更能收到报纸的宣传效果，受到人民喜爱，并非要走"回头路"。

我在某地讲过一句话：我们过去的报纸，威信很高，但这好比党中央是太阳，报纸是月亮，报纸的光是靠太阳的反射。后者借助于前者，本身没有多少光。我们能不能让报纸本身也发点光，更美、更亮。当然，报纸是在中国共产党的领导之下的，但本身发出一些辅助性的光彩，岂不更好。过去，报纸有没有吸引力，同自身发光的程度有关。《新华日报》在周恩来同志的领导下，就有强烈的吸引力、说服力，本身就发出了强烈的光和热，使广大读者受到感染、教育。

新闻评论是报纸的灵魂

下面讲的,是作为新闻意义的评论应该怎样写?主要谈谈过去的报纸,中国近代的报纸,以及现在各国的报纸,所体现的新闻评论自身的规律,这与建设中国特色的社会主义有联系。报纸改革,也意味着要变成带中国特色的社会主义报纸。这就需要回顾和探讨中国报纸的新闻评论,研究其发展历史和自身的规律。

新闻评论,在中国经过长期沿革,并不是一下就形成的。过去是文人论政,像王韬、梁启超等人,对国事发表意见,在《申报》《时务报》等报上登出。但严格讲,用英美式的报纸的标准衡量,他们的文章不是新闻评论,而只能说是政论,没有时间性,和新发生的大事没有紧密联系。政论是对一个时代或近几年政府的措施、国事发表意见。比如主张议定宪法,召开国会等等。反复说明自己的意见,与时事有关,但不是很紧密的。是某个阶级政治经济的意见,所以是政论,而不是新闻评论。

新闻评论,严格地说应该是评论昨天发生的事情,或者是最近发生的事情。报纸应该把自己的看法告诉读者,判断、分析，提供背景材料，把来龙去脉说得清清楚楚，让读者对这个问题加深理解。有说服力，争取读者同情、同意报纸的看法。

初期的中国报纸只有政论，没有新闻评论。后来，于右任创办《民立报》，宋教仁任主笔，以"渔父"为笔名写评论，才有现代意义的新闻评论，当时还有一张《时报》，狄平子先生创办的，也有时事评论。两张报对辛亥革命的态度不同，如民军在武昌发动起义，《时报》就讲昨天发生了什么事，应该平乱；《民立报》则在评论中说这个乱子很好，乱是中国人民得救的标志，应该拥护革命军。而且，还讲明很多道理，在辛亥革命中起了很大的鼓舞作用。

当时《申报》只有小言论，没有时事评论，是站在所谓纯客观的立场。它收到一个消息，说民军已经占领的汉阳，被冯国璋带的清兵"攻克"了。《申报》收到了这个新闻发表了，群众不相信，说是造谣，很多人包围上海《申报》馆，把玻璃窗都砸了，可见民心所向。因为《申报》用了客观主义的标题，没有评论。《时报》《民立报》有时事评论，但匆忙写成，比较粗糙，只有几百字，还有署名。如宋教仁的笔名为"渔父"，于右任的笔名叫"骚心"等等。他们的评论很有吸引力和说服力。

辛亥革命后，报纸的舆论一时归于沉闷、复旧，根本不怎么注意新闻评论。有的报纸请孟心史（孟森）、章士钊写长文章发表政论，对某些内政，对外交问题，对国际大事，对第一次世界大战等重大问题，提出作者自己的意见，这属于政论体。报纸也有"时论"，代表报纸对一段时期的评议。

五四运动前后，北京《晨报》，上海《民国日报》《时事新报》等，都起了一定的推动作用，主要表现在副刊上。有些报人的北京通讯也较有力量。但就新闻评论而言，则没起什么作用。

真正能够符合国际上一般新闻评论意义的，是1926年从天津《大公报》开始。最先也署名，创刊后三天，就不署名了，以"我们"的口气发言代表报社对某个问题看法、评议。一件事情发生，第二天立刻就有评论出来，代表报馆的看法，不是代表个人。风格、议论和基本态度一致，评论有说服力，能吸引人，其他各报也竞相仿效。当时张季鸾先生的文风很为读者所喜爱。1926年我还在大学里，下午天津报纸到了北京，同学们抢着看《大公报》，首先看社论，可见其威力之大。这不但在学生中，在社会上的影响也很大。他文笔犀利，见解精辟，文字优美，动笔又快。他写社论时，等稿件齐了，很晚才动笔。有时则写一段交一段给排字房。等全文写好，再在小样上润色。他还有个本事：动笔时先问排字房，今天社论地位有多少字？

说是两千字，他就写二千，如果是一千二百，就写一千二百，还不使人感到有松散或压缩的感觉。这是多年苦练的结果。当时印刷较困难，他的笔可以使排字房不增加负担。我后来也学他，但总是学不完全。人们说，《大公报》一纸风行，是靠张季鸾先生的一支笔摇出来的。

后来，《益世报》请罗隆基当主笔，每月五百元，比大学教授还多二百元，还给一部汽车，待遇很优厚，想以此和《大公报》竞争，罗每周只写三篇社论。他的文章也好，很流畅，但他对新闻毕竟是外行，写的不及张先生。

当时，《北京晨报》《时事新报》是研究系的报纸。它们的社论也尽量用新闻评论的形式出现，也是对每天出现的新闻提出看法，进行分析，让读者加深了解。

新闻评论的诞生，在中国与外国的情况差不多。随着传播工具的改革、印刷技术的进步，新闻越来越迅速，人们对报纸的要求也日渐提高，不仅希望从报纸上知道新闻，而且要知道新闻的背景，新闻事态的发展前途。所以，新闻评论的产生和健全，还是由于新闻本身发展的规律所决定的。

一般讲，新闻评论是报纸的灵魂。它表明报纸的态度，最集中地体现其立场、观点。任何一件事情，总会使人们产生各种看法。不同阶级的人对于某件事情的反映，看法是不同的。

你这张报是站在广大人民、工人的立场,或者站在封建、资本家的立场,当然有很大差别。比如在美国,是站在民主党立场还是共和党立场,尽管大同小异,但对于政府的批评和赞扬是不一样的。

旧中国,在上海就有二十多种报纸。各报的立场和态度,总要表现在新闻评论中。这个报是真正的民间报,评论得到人民的喜爱、认同;那个报是半官方性质的,以民间形式出现,但一碰到重要关键问题,政治核心问题,就对国民党政府采取包庇和拥护态度。当时还有青年党的报纸,或者属于研究系的报纸,有各种各样背景的报纸,对一个事件有各种不同的态度。《申报》创刊初期到辛亥革命前,是站在帝国主义和买办阶级的立场。1912年以后,由于张謇的关系——他是《申报》的主要操纵者,反映立宪派的立场观点。"九一八"事变后,史量才先生才转变到爱国的资产者立场,和人民大众的观点日益接近。太平洋大战爆发后,先后被敌伪和国民党霸占,那是另一回事了。《新闻报》也大体如此。

新闻评论的不断变革,在西方国家也是如此。最初也是政论,时论。随着传播工具的不断改善,又由于处在经济向上发展的时期,大家都想知道新闻,了解新闻,又要辨别哪一家报纸分析判断比较正确,对报纸有了选择,所以新闻评论也是在竞争中发展和完善的。比如，这与印刷很有关系。王韬很早就在香港创办《循环日报》。他刚从苏州到上海的时候，看到印刷发展快，用牛拉动平版石印机器，一小时可印几百张，颇有感触。认为西方的物质文明的确很先进，应该学习。因为过去我们是木版雕印，很慢，新闻很难"翔"实，报纸当然也不可能写出及时的评论。

新闻评论的写作

上面讲新闻评论的沿革。现在具体讨论新闻评论的范围及写作中的一些问题。

新闻评论有社论，本报评论员文章，短评等等。广播、电视也都有新闻评论。凡以各种形式的言论，反映报社、电台、电视台的观点、意见，均属新闻评论的范围。

新闻评论工作者，应该比记者和一般编辑有更高的文字修养和各方面知识的修养，站得比较高，对各种政策有较深的理解，在我国来说，当然要求对马克思主义有较高的理论基础。

在老一辈的记者中，张季鸾先生的记忆力很强。由于写作时间短，不可能都临时去多翻查资料，因此，重要的历史事实和重要的各种数据，都要牢记于脑。我当年和张先生初接触，发现他对中外历史的重大事件——特别是近代、现代的，发生时期，有关数据，他都记得。如欧洲百年来的重要会议，公约宪章，中国的重大历史事变等等，滚瓜烂熟，一清二楚。不用查资料，引用绝无差错。

新闻评论的写作要思维敏捷，判断准确。这离不开正确的立场观点和广泛的调查研究。我们过去要经常抽看读者来信。张季鸾每天都要接触读者和各界代表性人物，了解各种情况，到深夜才动笔写评论。

新闻评论的文字要流畅、生动。结构要灵活多样，深入浅出，新鲜、活泼。不能陈词滥调，使读者发生呆板平凡、老套之感。也不能说了半天人家却看不懂，或者用些生僻的古字，就很难吸引广大的读者。

新闻评论要爱憎鲜明，激情洋溢于字里行间。如日本侵略中国，一个新的事件发生，民族的激情就要在评论中表达出来。过去，梁启超形成一代文风，其中就包含他讲的"笔锋常带感情"。张季鸾先生的文章分析透辟，感情充沛，他本身也是一个很重感情的人。

社论代表报馆。评论的文风，观点要基本一致。对某个问题的看法要有一贯性，不能今天拥护国民党，明天拥护共产党。《大公报》初期的社论，不少是吴鼎昌、胡政之执笔的，也要经过张季鸾的润色。我们后来的《文汇报》也是这样，1946—1947年那一段时期，是宦乡、陈虞孙、张锡昌等主笔，他们的文章写得很好，但为了统一文风，我都要看看，在观点、文风上大体相同，做点修改。在香港《文汇报》写评论的有陈此生、梅龚彬、千家驹、吴茂荪、胡绳、狄超白等同志，有的年纪比我大，大都是学者、权威，但既然为《文汇报》写社论，就要由我统一文风、观点，有的分寸不准，不适应当时当地的"尺度"，还得改一改。各报大体都是这种做法。解放初期，《人民日报》社论，听说都由胡乔木同志看过，使观点和文风基本统一。

过去，在白色恐怖之下，新闻评论还要有斗争艺术。因为，报纸没有一天不接受新闻检查。在香港《大公报》时期，也要受到英国政府的检查，有的评论整篇被扣，文章中空格，"开天窗"的就更多，主张抗日的话被勾掉，连帝国主义、剥削这类的字样也不准见报（现在，听说香港在这方面"自由"了，那是新闻界多年奋斗的结果，也与祖国的强盛分不开）。抗日战争时期，国民党的新闻检查特别厉害，每天都有人到机器房来看，拼版时哪一份稿件没有打上检查的图章，就要抽下来；所有版面都经过检查所，才允许开印。那时，要发表我们的主张，就需要技巧，需要同检查所斗智，让他看不出来或抓不住漏洞。像鲁迅写杂文那样，有的小题大做，有的大题小做，有的借鸡骂狗，有的指桑骂槐，使用各种各样的手法。

"文革"中，我被揪出来，说我写过一篇为蒋介石祝寿的社论①，是"没有国民党党证的国民党员"。其实，那是很费了心血的一次战斗。那时是1946年冬天，大约是蒋的六十寿辰。国民党中宣部通令所有的报纸都要写祝寿的文章，并出版特刊。因为不能骂，也不能批评，就只能以"皮里阳秋""绵里藏针"的笔法，表面上恭维他，说他领导抗战，但胜利还应该归功于军民，希望他珍惜自己的地位，珍惜国内各界的团结，把中国引上民主富强的道路，再不要依赖外国，做人家的附庸。这是指他处处仰美国的鼻息。当时怎么能骂他独裁、蒋光头呢？检查通不过，抗战胜利不久，一般的人民也接受不了。我们出的特刊，就集中他过去所讲过的许多好话，包括抗战胜利之初期停止内战等讲话如"双十讲话"、四项诺言、在旧政协开幕时的讲话等，全部编排重刊。目的在于用来对照他一年中的行动，看他是如何"好话说尽，坏事做绝"的，用以擦亮人民的眼睛。这样做，新闻检查所无法反对，因为这都是"主席"自己说过的话，全张没有一篇其他的文章。和其他报纸满腔歌功颂德的

---

① 这篇社论名为"祝蒋主席寿"，刊于《文汇报》1946年10月31日。曾收入中华全国新闻工作者协会和中国人民大学新闻学系编《右派分子徐铸成的言论作品选》（1957）。——整理者注

特刊，是鲜明对照，态度截然不同。这就是斗争的艺术。

抗战胜利后，不少进步朋友很欣赏我在《大公报》所写的一篇社论（那时我任《大公报》上海版总编辑。还未辞职重回主持《文汇报》），题为"车辆靠右"①。国民党统治区原来仿照英国的办法，所有车辆都靠左行，抗战胜利后不久，即宣布改按美国的办法，一切车辆都靠右行。这本是交通方面的事，不一定写社论。但是，顺应国际潮流，遵循人民的要求，整个大潮流是民主政治，人民世纪，不容我们风格独异，当然也不能仅仅体现在交通管理上。两年多以后，形势发生了很大变化，我又写了两篇社论（当时我已经在主持香港《文汇报》工作），论述"右手行左策"②，这是针对当时国民党政客们唱出的一种论调，说共产党尽管经济政策好，但阶级斗争太残酷。我们"三民主义"不主张阶级斗争，但同样要搞土地改革和其他改革，是以"右手行左策"。这种论调颇有迷惑性，有些知识分子害怕阶级斗争，对此很感兴趣。第三条路线有相当市场。针对这种状况，我就在社论中说，车辆右行，交通规则改变后，应

---

① "车辆靠右"刊于上海《大公报》1945年12月26日。——整理者注
② 《论"右手行左策"》刊于香港《文汇报》1948年10月5日；《政权与政策——再谈所谓"以右手行左策"》刊于香港《文汇报》1948年10月6日。——整理者注

严格执行，开车的不能三心二意，只能眼光注意右面，循规一行向右开。管理的人也应一心一意向右指挥，如果左顾右盼，交通秩序就要混乱。轻则人仰马翻，重则秩序乱成一团，所以向右行就不能顾及左面（大意）。读者都会看懂，这是借题发挥，以交通方面的小题目来做大文章。

还有就是指桑骂槐。抗战时期在桂林，李（宗仁）、白（崇禧）等桂系军阀鼓吹他们"三自"——即自治、自力、自强的成绩，说他们在城乡的统治办法很好，已有基础，吹得很厉害。我那时（1942—1944）任《大公报》桂林总编辑，有一天，看到记者写的报道，说桂林漓江上的桥出了问题，亟待修理。我就写了一篇社评，题目是"重新建桥"①，说桥为什么发生倾斜，主要是基础没打好。不要看桥面修得漂亮，基础太差，总有靠不住的一天，如不真正把基础打坚实，只是治标的修缮一番，终究免不了垮下去的。人家一看就知道是批评桂系的政治。

新闻评论，有时候则需要尖锐，态度鲜明，给读者正确的判断。读者接受你的意见，后来的事实又证明了你的观点，就会加强对报纸的信任。1948年10月，我在香港时，国民党当局发行金圆券已出现下跌，我们通过上海的地下通讯员掌握了大

---

① 《重新建桥》刊于桂林《大公报》1943年7月24日。——整理者注

量资料、情报，特别是浦熙修从南京发来的有关币制改革的长篇通讯，认识到金圆券发行濒临失败，外汇和相关物资的限购政策已经很难支撑下去。我就写了多篇社论，其中有《"只许成功"的金圆券》《哀金圆券》《给金圆券算一笔账》等①，给金圆券"算命"，根据各种经济情况和国民党的收支现状，断言金圆券只有三个月的稳定。后来，侯外庐先生讲他看了感到写得很痛快。果然，当年11月初，物价管制和限购外币政策放开，翁文灏内阁辞职，金圆券价值一落千丈，发行才七十多天就如"法币"一样不值钱，可以说是全盘失败了。曾几何时，英国的、国民党的报纸都吹这是币制改革，可以把中国的经济稳定下来，有些中间报纸，也说金圆券虽非治本之策，维持至少一到二年是有希望的，而我们判断它的实际生命只有三个多月，事实证明，是我报正确，报纸的信誉就更加提高了。

新闻评论的态度和文风

最后，谈谈新闻评论的态度、文风。

---

① 《"只许成功"的金圆券》刊于香港《文汇报》1948年10月15日；《哀金圆券》刊于香港《文汇报》1948年10月31日；《给金圆券算一笔账》刊于香港《文汇报》1948年11月6日。——整理者注

报纸有指导性,这是对的。但毕竟对读者没有强制性、约束性。对此,前面讲新闻本身的规律时已经较详细地谈到。

所以,新闻评论要服从新闻本身的规律,以事实说话,并讲求新闻艺术,善于吸引、说服、感染读者。切勿以指导者自居,居高临下,更不能以势、以教条压人。首先要把读者当知心朋友,态度亲切、平易,事实摆足,道理说透,而且能联系大多数读者的实际,语气像和读者谈心一样,使读者感到亲切,心悦诚服地接受你的意见,不是以理压人,而要平易近人。做思想工作应该有这种艺术。周恩来同志就是这方面的典型。大约在1946年底,我在上海见到周恩来同志,一看就平易近人。我当时的有些想法不正确,曾向周提出:"《文汇报》在解放区能不能进一步推广?"他似乎很理解我的心情,含笑对我说:"《文汇报》是进步的报纸,在解放区是受欢迎的,特别是知识分子出身的干部,很爱看《文汇报》。但是,解放区的环境和这里大不相同,人民享受充分的民主,忙于土改、战斗和支援前线。解放区的一般群众喜爱当地报纸,因为它们主要刊载有关这些方面的消息和经验,使他们感到亲切。至于外地的报纸,无论多么进步,所刊载的东西,一般群众总会感到新奇而非切身有关,所以,要普遍推广就有困难;解放区报纸和国民党统治区的进步报纸,任务不同,对象不同,这也是自然的分工嘛。"说得很委婉、亲切，把我的思想疙瘩全解开了。其他担任负责工作的同志，如陈毅、夏衍、乔木同志，都是能根据你的水平和思想情况，很亲切自然地同你谈心，使你的观点逐步改变。邓小平同志讲话，包括《邓小平文选》所刊载的，同样是摆事实讲道理，循循善诱，一点也不以势压人。《陈云文选》也一样。

新闻评论的态度，也应该如此。我们今天的人，不可能整齐划一地对中共十一届三中全会的各项政策都完全理解，全部贯彻。"十年浩劫"的余毒还未肃清，西方某些思想的影响也不能忽视，极"左"思想，"凡是"思想，都还存在。解决这些思想战线的问题，新闻评论就要立场正确，还很需要高度的艺术性。属于认识问题，人民内部矛盾，态度应该像对待知心朋友，设身处地，娓娓而谈，寓理于情，解开对方心上的疙瘩。且不可居高临下，给读者造成以势压人的感觉。

我们有些人，写新闻评论的风气不好。动不动就搬领袖的话来压人，或者以党中央的什么文件，某领导的讲话来装点门面。毛泽东同志历来提倡反对党八股，你这样做，就显得确实没有本事，只能搬八股。我们小时候写文章，没有办法写下去了，就来一个"子曰"，孔子如何说如何说，这是文章写不好，写不连贯，只能求救于孔夫子。今天，我们有些同志也总是以领袖如何说，大做文章，实质并没有真正领会其精神实质，就像"四书"的旧注一样，没有什么新鲜见解，却拿来吓唬人，这算不上新闻评论。

"听君一席话，胜读十年书。"我们同高水平的朋友谈心，深受启发，常有这样的感慨。报纸也如此，要把读者的心"抓"住，通过我们这些桥梁，让广大群众更紧密地团结在中国共产党的周围。不必主要依靠公费订阅，更多的读者会乐意自己出钱订阅了。这样，为党宣传的实际效果也就更提高了。

近一段时间，《人民日报》有不少文章写得入情入理，《体育报》也是。这次女篮得第三名，同样发评论：一方面鼓励，指出这是大球第二个冲出亚洲，走向世界的，意义重大；另一方面则分析几个不足之处，讲得很有道理，很内行，既有指导性，又有说服力。

新闻评论是报纸改革的重要环节，值得重视和探讨。我认为要写得好，首先是态度问题；其次就是力求准确、鲜明、生动，强、快、短、真、活，这不单是新闻写作，也是新闻评论的要求。

九、编辑部是一个志同道合的战斗集体

志同道合的编辑部是报纸的成功之道

编辑部应是一个战斗集体,从总编辑、副总编辑,到其他工作人员,职责都是记者。记者是一个光荣的称号,和解放军指挥员到列兵都是光荣的战士一样。所不同的,战士的武器是枪、炮,我们的武器是笔。

战士,当然有孤胆英雄,但要战胜敌人,总的说还是需要组织严密,生气勃勃的战斗集体,要有很强的组织性。

记者要做好党和政府的宣传工作,当好人民的喉舌。作为中国共产党的新闻工作者,不仅是自己能写善编,孤胆作战,还要把整个编辑部组成一个志同道合的战斗集体。

这方面的范例是重庆《新华日报》,在周恩来同志的领导下，成员们艰苦卓绝，坚强团结，像一个人那样。不仅勇于战斗，而且善于战斗。那时，我在重庆与潘梓年、章汉夫等同志有接触。他们在艰苦的环境中斗争，有时候总编、编辑也参加卖报。在关键时刻，周恩来同志亲自出来同国民党人周旋，并指挥全报社职工，英勇、机智地跟敌人斗争，竭力争取读者的支援。

当时，重庆、桂林有些大报馆的待遇比较好。如《大公报》的成员，干普通工作的都能温饱。但《新华日报》的待遇就要差得多，职工们有时吃饭也成问题。在这样艰苦的物质条件下，他们始终保持旺盛的斗志，团结得非常之牢固。另外，像夏衍同志领导的《救亡日报》也是这样，无论在广州、桂林，经济一直很困难，职工的生活也难于维持，外出还受到特务的盯梢，报纸的发行也困难。但是，夏衍、杜宣、司马文森和报社的其他同志，都紧密团结得像水泥一样。只有团结，白色恐怖黑暗势力才压不垮这样的堡垒。自然，中共地下组织的关怀、支持，也是主要的。

编辑部要志同道合，像一个战斗集体。《文汇报》初创时，敌伪经常恐吓威胁，投过三次炸弹，送来一筐注射了烈性毒汁的水果，用匣子装了一只被他们残杀者的手臂，上面写明："主笔先生：如不改你的毒笔，有如此手。"即使出现这些情况，我们照样坚持工作。我上班，汽车不能停在报馆门口，今天这个地方，明天那个地方。门口雇人站岗，后门和弄堂口装了两道铁栏门，像在铁笼子里工作。有时去附近小旅馆里订好的房间休息。有时像老鼠一样，趁人不备，偷偷回一趟家。但那时大家情绪很高，斗志旺盛。尽管初期的《文汇报》没有党员，都是来自各方面的"乌合之众"，但有一个志同道合，都坚决反对投降，反对敌伪，坚决宣传要抗战到底，而且有一定的民主生活，有事情大家商量。上下之间的工作协调，民主集中，互相关心。《文汇报》初期的一年半，我根本没有去看电影，听京戏。我喜欢听评弹，有时，偷偷地到一个偏僻的小书场听一两档书。我们每两三星期，搞一次聚餐会，每个人都从家里拿一样家乡菜来，没有家的就买一点酱鸡酱鸭之类的下酒菜。大家工作结束后吃起来，生上炭炉，拼起桌子，团坐饮酒，漫谈，最后煮面充饥，在四周刀光剑影中，我们生活得很愉快。我那时只有三十一岁。

抗战胜利后复刊的《文汇报》，有许多地下党员先后参加，事后知道最多时有十五个，如宦乡、陈虞孙、马季良（即唐纳）、张锡昌、李肇基等等，互相之间也很团结。那时物价飞涨，生活艰苦。经理部有些人是被迫跟着我们走的，有一段时间经济困难，有钱的话先发工厂的工资，再发经理部，轮到编辑部，往往时隔半个月以上。本来，我们的待遇比《申报》《大公报》低得多，加上那时通货恶性膨胀，我们领到工资时，币值已比工人又少了三分之一。在这种情况下，大家毫无怨言，坚持战斗，与读者的关系搞得非常之好。读者听到一点不利于报馆的消息，马上跑来或打电话告诉我们。1946年底，报馆经济实在难以周转，公开登报招读者股，读者热烈响应、支持，纷纷来认股。有些青年、学生、工人，自己生活也困难，就几个人凑一股。这些，既显示出我们报纸与读者的血肉联系，也说明我们编辑部本身是一个志同道合的战斗集体，加上经理部主要主持人目光远大，才可能如此。当然，就我那时的思想水平，对中国共产党方针、政策还了解不深，认识不足，报纸也不是革命的报纸，只能说是进步的报纸。但我们志同道合的共同努力方针，是反对内战、要求进步，反对独裁、要求民主，反对重走半殖民地的老路。这些方针，是完全一致的——志同道合的。当时，在白色气氛十分浓厚，在国民党官报、半官报的包围中，《文汇报》站在少数进步报的前列，英勇斗争，得到各界进步人士的支持和广大读者贴心的爱护。

在民国时期，编辑部上下一心，成为团结的集体，是一个报纸能够生存、发展的必要内在条件。《大公报》也是成功的，职工都愿为办好报纸，尽其全力，它有一些鼓舞人的方法和措施,比如,工资比较高,婚丧大事和子女上学、婚嫁,有补助,做了五年以上还有额外的年资薪。也有一个团结人的口号。如提拔我当编辑时,胡政之就找我谈话,说我们的报纸不像《申报》《新闻报》那样的纯追求赢利的报纸,我们主要是"文人论政"的论坛。而且主张"事业前进,个人后退",新陈代谢,青年们只要努力,一定会逐步递升,他并说:"希望你不要把报纸工作当成职业,而是当成事业。我们的宗旨是这几个人,年龄已过中年,不能老当'主角',事业是要一代一代传下去的,要培养年轻人顶上去。只要努力,将来的主持人,将在你们这些人中选拔,主持报馆。"他一番话很使当时的我受到鼓舞。那时每月工资有保证,按时发给,从不拖延一天。而且有急用时还可透支一个月。《大公报》在1926年由吴鼎昌、胡政之、张季鸾三人接办之初约定,三年内,胡、张二人每月薪水300元,不在外兼职取酬,全力以赴投入。吴在盐业银行当总经理,他投资五万元,两万元为开办费,其余三万,存存银行,二年内如不能收支相抵,贴光为止。由于他们的努力,当时,我们当记者编辑的,也都认为是终身事业,工作卖出全力。比如,我1929年去沈阳采访华北运动会新闻,白天紧张地在运动场看各种比赛,挂电话到城内办事处报消息转发天津。晚上,还要访问运动员,回来还要写一篇详细报道,并写会内外花絮,一天只睡三四个小时。整个精神扑在事业上，希望报纸刊出的新闻，能比其他报又快又好有吸引力。以后，我在《大公报》多年，也一直保持这种精神状态。抗战时期周恩来同志曾说，《大公报》有三条：是爱国的，抗日的，培养了不少人才。

当然，《大公报》的口号可能是虚伪的，但很能迷惑人、团结人。当时，大家确实志同道合，为了争取国家的独立、民主和富强。在个人讲，是希望把报纸作为一个事业，成为文人发表意见的机构。当时编辑部只有三十多人，人很少，每天出版两张半到三张，一个人总要兼一二项工作。我编教育新闻时，还要兼编经济新闻版；编地方新闻时还要帮助徐凌霄编副刊《小公园》。徐在北京，我在天津，把来稿看后，有用的寄给他，每天帮助他划版样看大样。碰到重要的政治新闻，还要作为特派记者出门去采访。1930年这一年中，我就跑了四次太原一次广州，因为大家努力，《大公报》头一年就收支平衡，第二年买机器，1936年增出上海版时，资财已有一百多万了。

《申报》《新闻报》主要是靠广告，商业性较重，"九一八"事变后，史量才、老板汪伯奇用人倚重徽州同乡亲友，编辑部中是雇主与雇员的关系，没有结成一个战斗集体，不可能办得有生气。像李浩然先生学识渊博，道德高尚，文笔有根底，长期任总编辑，不能发挥力量。

我在解放初期时想：现在，志同道合当然不成问题。因为都是人民的报纸，有中国共产党的领导，都是为了中国特色的社会主义现代化建设的大目标而努力，与过去的情况完全不同。因此，所有的报纸都应是战斗的集体了，但是，情况并非如此。因为，尽管中国共产党的政策是明确的，但个人的理解能力不同，看法会有不同。何况，我们党也有阴天的时候，如过去的"左"倾，特别是"十年浩劫"，那就不可能志同道合。有理想、有品格的人怎么能同那些帮派爪牙和"造反"分子讲志同道合呢？

我很佩服《人民日报》有一个志同道合的集体，尽管"文革"中很难发挥特点，而且如邓拓同志已被迫害牺牲，其他骨干，都受不同程度的诬陷、迫害，但"十年浩劫"之后，靠边站的很多同志马上就能团结战斗。《人民日报》当时的自我批评非常深刻，不像有些报躲躲闪闪。《人民日报》在胡绩伟同志主持下，为中共十一届三中全会做好舆论准备做出突出的成绩。大家知道，当时有些新华社稿是"凡是"强迫发表的，别的报登了，《人民日报》却顶住不登，这要有多大的胆识，在"凡是"思想严重，"凡是"头头控制宣传大权的时候，要进行抵制，至少不紧跟，就很不容易。假如这个集体是松懈的，不那么志同道合的，几个主要负责人，主任、编辑之间有不同意见，就不能那么坚决地贯彻十一届三中全会精神。

《羊城晚报》也是很了不起。1980年我从香港到广州后,有一个小青年来找我,请写文章。原来他是暨南大学一位教员的儿子,在《羊城晚报》制版房工作。本来,他不是编辑部成员,没有组稿的责任,但他那么热爱自己的报纸,希望办得更好,主动前来组稿,而且一再来催,使我很受感动。这说明该报从管理部到工厂部门和编辑部都结成了一个志同道合的战斗集体。据我所知,当时《羊城晚报》的总编吴有恒、副总编许实等同志组成的领导班子团结得紧,什么事该谁负责,能担当得起,敢于批评不良风气。现在,这个报纸发行量很高,在香港和海外也有较大的销路。这不是偶然的。他们还有一个很好的制度。晚报中午的工作很辛苦,有的编辑要到排字房去看拼版,做必要调整。食堂同志就早一天把菜单排出,编辑预选,第二天中午就把热汤热饭送到了排字房。这说明他们的团结和互相支持。有些报纸就不能这样,能这样做的不多。

一个报纸能生动活泼,编得好,有较强的吸引力、说服力和感染力,有一个志同道合的集体领导是主要条件之一。各行其是,得过且过,有事向上伸手,不能发挥集体的能动性,工作就不可能出色;领导只是当官,不能紧密团结群众,不负责任,也办不好。

今天，凡是发行量大的，受到广大读者欢迎的报纸，在组织上总有一套团结同志的办法。好比军队要能打胜仗，成为志同道合有勇有谋的战斗集体，内部有一定的民主和高度集中。这是毛泽东思想的重要组成部分。我1957年到苏联去参观访问，波罗的海舰队的一位指挥员暗地对我讲，中国有个毛泽东，了不起，连军队也能实行民主。军队本来是讲究纪律，讲究集中的，一般不可能实行民主，但中国人民解放军还有民主生活。这说明部队机关中越是民主，越有集中；贯彻民主集中制越好，越能成为团结的集体。作为新闻战士，在思想宣传第一线，尤应以解放军为榜样。

建设团结有战斗力的编辑部

一个编辑部，或者是其他大众传播机关，要成为团结的集体，第一点是内部的民主集中很重要。应该让群众用不同的方式发表意见、讨论。我在上海《文汇报》时有体会。报纸没被封以前，总主笔、副总主笔、部主任等每天开碰头会交换意见，有时我也到采访部和大家谈谈对时局看法和我们应付的策略，该我承担的事我就负责。有一次，我们反对上海实行警管区制，即分段由警察管治的保甲制度，用不少版面登反对的言论和群众来信。其中登了一封信,是以两位警察来信反对这个制度。警察局就来人追问:编辑是谁?写信的警士姓名是谁?我回答:我是总负责人,不允许追问谁是编辑,一切责任由我承担。他们还要追问,我说:报纸有保护作者的责任。并把抽屉一拉说:原稿就在这里。但根据新闻制度,不能看,随你们怎么处分我。其实我知道这封信是为了制造气氛而由编辑同志写的,抽屉中也没有原稿。后来,警察局把我们的报纸停刊一周,读者纷纷来信慰问,我们的报纸反而得到更多的同情、支持。这说明负责人要真能负责,不要把责任向上推,更不要向下推。

第二点是要同群众多商量,碰到困难大家想办法。但我在香港创办《文汇报》时,却有一个痛苦的教训。当时香港读者的认识水平较低,不如上海。潘汉年、夏衍等同志很清楚地劝告我:香港政府对我们很不友好,我们的《华商报》随时都有被封的可能。你们千万不要摆出太左的面孔,要以中间偏左的姿态出现,否则,可能一起同归于尽。我们经过商量,决定立场坚定,表现出《文汇报》一贯的民间报风格,立场坚定但态度要灵活、明确,总的还是办民间报,以中间偏左的姿态出现,对国民党政府的反动政策,揭发嘲笑比在上海时更厉害。如解放军包围长春时,郑洞国将军曾负隅顽抗,声称自己是蒋介石当黄埔校长时的学生,要忠于校长,坚守到底,城在人在,城亡人亡。不少中间报纸和国民党报纸都鼓吹郑的顽抗和声明，有一张报的标题为"黄埔精神不死"，吹得特别起劲。但第二天，解放军就攻入长春，郑被部下挟持放下武器被俘了。我们马上用了一个标题，就照国民党报的一样，加了个逗号、惊叹号，变为"黄埔精神，不死！"，给了一个很大的讽刺。

我们平常以中间偏左的姿态出现，但我没有向一般编辑记者好好解释，征询大家的意见，有些"家长"作风，内部就产生出一些风言风语。香港《文汇报》创刊时，许多著名民主人士如沈钧儒、郭沫若、章伯钧等都题字，马叙伦先生还为写报头。这叫我怎么办呢？我就与潘汉年同志商量，他说：你们何必自己"戳穿西洋镜"呢？我来给你还，一家一家去讲清道理。但我太简单化，没有把道理向同事们讲清楚。编辑部中有一部分是上海跟去的，一肚子气，认为现在到香港，应该畅所欲言，反对以中间报的姿态出现。后来，《大公报》一百八十度大转弯，头天还骂"共匪"，一夜之间就改称解放军。为此，有人议论《文汇报》是进步报纸，还不如《大公报》。后来有一天，《华商报》登出一篇通讯："为什么《文汇报》还要称国民党军队为国军？"我就去找夏衍同志说："这是讲好了的嘛，为什么登这篇？"他说："这是你们报纸的同志写来的，你要做好内部的工作。"我如梦初醒，发现自己没有向大家讲清楚。这是个很大的教训。我后来离开香港《文汇报》,内部矛盾公开化,一派主张保持我办报的方针,另一派要赶快完全表现左的面貌。发展成派系斗争。这个教训太惨痛了,说明尽管基础好,但应该有过细的思想工作,才能保持报社的一致;才能保持和发扬团结战斗的集体精神。民主作风少一点,就会给工作带来损失。

团结有战斗力的编辑部要求有好的带头人

编辑部,不管是报社的还是电台的,总编要集中,但必须建立在民主的基础上。同时,分工要清楚,但分工不能分家。过去,我们还没有什么工业部、农业部等,而是外勤、编辑两个部。应该经常交换对稿件取舍的意见。在民国时期,总编、采访主任、总主笔、副总主笔每天下午碰头,商量社论写些什么,采访有什么线索,重点应放在哪里等等,都仔细商量,然后分配使用力量,对版面、选题等做好准备。

还有,就是对干部的培养、使用。要组织一个精干的核心,团结广大群众。

可能这些问题与现在不怎么相符。现在不像那时简单。在使用干部方面也不合现在的人事制度。《大公报》为什么能培养出那么些人才?胡政之先生经常看全国各地的报纸、刊物,发现人才。有见解的，写得好的，就约来谈话，然后征求他来《大公报》，如徐盈、子冈等人都是这样约请进《大公报》的，我也是这样来的。

同时，还要对人才大胆使用，大胆提拔。这在今天很难做到。《文汇报》那时编辑部共约六十人，里面有四人曾经是出身《和平日报》的。他们当时写信给我，感到在《和平日报》那里很苦闷，对《文汇报》很热爱，问能否有机会来？我就约他们谈话，感觉他们是真心实意的，就录用。现在，这四位中已有两个是党员，而且在《人民日报》工作，地位较高。在当时，我对《文汇报》的经理约法三章：第一，编辑部的言论态度你不要管；第二，用人问题我有全权；第三，我的名字要登在报头。这不是为了出风头，而是万一报纸被国民党收买，改变态度，我就把姓名去掉，读者就知道变化了。

不是我吹嘘，胡政之先生确实会用人。好的他就重用和提拔，如范长江同志，先鼓励他写旅行通讯当旅行记者，以后又委以重任，提升为采访主任。比如我，1927年参加国闻通信社——是《大公报》的姊妹机构，当一个小小的体育记者，两年后调到《大公报》任编辑，五年后又调去汉口当特派记者，工资比原来增加五倍。我在《报海旧闻》中写过，我二十二岁还未大学毕业，他就叫我代理国闻通信社北京分部主任，对我破格信任。这就给了我锻炼的机会。《人民日报》副刊以我为例,说伯乐应该识马。伯乐不易求,但有了千里马,不要埋藏。就是说,我毕竟对中国新闻界有一点贡献。假如没有胡当时的提拔,后来的情况就不一样了。

我有些地方远不及胡政之先生,但也有好一点的,是能够容人。一个领导,特别是编辑部的,对下级的短处要能容忍。当时张季鸾不管人事,胡政之管。胡在创刊初期,能大胆提拔人的,1936年上海版创刊后,遇到点失败,对有些记者几次稿件写得不好,或者编辑不如他的意,就不耐心培养,很多人被他辞退了。我在这方面好些,比如郭根同志,当时很自由主义,我让他当总编辑,过了几个月,他不干了,我问他喜欢干什么,他要到北平当特派记者,我就让他去。上海解放后,《文汇报》复刊,还是请他回来当总编;不久他又不愿干,要回山西教书,我只好放他走。以后一直写信来表示后悔,想再干新闻工作。这位同志已逝世了!学识相当渊博,也能写,就是太"天真"一点。

还有黄裳同志,很有才华,看的古书很多,写了不少书。文字也很漂亮,但有点倔强。1946年底他初进《文汇报》时,我请他编文化版。外勤的稿件送来,他润色得很好。但外勤记者提点意见,他就嫌对方水平低,闹脾气,把笔一丢,说:"现在当语文老师来了。"这就把外勤的很多人伤了。我就把他调到南京当特派记者,他在那儿也干得很好。有一天,他去监狱采访周作人,还让周给他写了幅字,编辑部许多人对此有看法。我想了半天,认为了解周在狱中的情况,也不算丧失立场。至于写对子当然不对,不过周的字也确实写得不错。我就写信劝他,小的地方还是应该注意,以免招惹口舌。我看大节,重人才,后来还提升为编委。现在,他还在《文汇报》,给本报和海内外的报刊写文章,很受不少读者的赞赏。

当领导的,要看到别人的长处。特别是要"不拘一格求人才"。干部用人,要像知心朋友那样与之交谈。总编辑在人事上,至少应该有点权。像一个战斗的集体,总编至少有建议使用权。比如某一位同志热爱新闻事业,尽管某些条件不具备,也应该千方百计培养他,给他锻炼机会。当时像《文汇报》真正写稿能达到发表水平的,也只有二十来人。所以,队伍要精干,要真正对事业热爱,愿意献身,不是追求个人名利的,应该挑选这样的人,才能够培养成才。现在,有些大学毕业生,愿意干的不一定分来,分来的又不一定热爱新闻工作,所以合用的人比较少。一个战斗的集体,要志同道合,在组织上,思想上,理想方面还要相同。班子不宜太大。有的部门应分开,编辑工作的人要精干。人多不一定能办好事,人才还可能因此而被埋没，人多反而不好办了。所以在选拔干部、组织这个集体的时候，应注意这点。

编辑人才的自我修养

编辑人才的修养很重要。领导要关心、培养，为他创造各种条件，使之由不成熟到成熟，逐步成长。另外，自己也要不断自我充实、提高。除了一般的学习外，现在要抓紧《邓小平文选》和《陈云文选》的学习，学习中央领导同志的讲话，学辩证法。要经常看必备的新闻基础知识。准备写社论的，尤其要多读文学、历史书和有关现代科学知识的书。也应多读点古书。如前四史、《晋书》、《左传》、《国语》、《战国策》等书，多熟悉历史，从这些书里学习表达方法，还能学到一些推理的方法，分析问题的方法。曹聚仁在他的回忆录里说，对王船山的《读通鉴论》很重视，常读精读，说他写新闻评论颇得力于此书。这与我不谋而合。我对此书和《宋论》都精读过。司马光的《资治通鉴》只写到宋以前，写宋朝的《续资治通鉴》又是另一部。这些书的好处就是能启发人独立思考，没有故意标新立异。如给曹操翻案，秦桧是坏的也硬说他好，没有这些怪论。但一般认为是定论的，他却要想一想，深入分析当时的主客观条件,提出精辟的见解,文字也流畅,对我们写新闻评论的很有启发。我读王船山的书,从他的用字来看,张季鸾对王船山的书也是花过功夫的。

当然,近人如鲁迅、茅盾的作品,我也爱看。对古典文学作品,我特别爱看《儒林外史》和《聊斋志异》,后者可能看了不止一百遍。它描写人物太深刻很准确,而且非常生动。寥寥几笔,就能刻画出一个人物,仿佛是"如在目前",呼之欲出。而且,此书运用古典和成语非常之灵活。头几遍看它的故事,以后就注意文法,注意它的炼字炼句和成语典故的巧妙运用。《儒林外史》有一种白描的手法,所谓"绵里藏针",有些话不直接道出,而是意在言外,话中带骨。如马二先生这些人物,有的写得迂腐,看似恭维,实含贬义,把各类士大夫的嘴脸都刻画出来了,而且个个栩栩如生;但又不像《二十年目睹之怪现状》那种赤裸裸的暴露。

鲁迅在《中国小说史略》中对《儒林外史》评价很高,他的杂文很多是意在言外,白描手法,值得我们学习。

作为一个新闻记者,要学很多边缘科学,如社会学、人类学、国际法、比较政治等等。还有历史、地理,自不必说。学过的不能丢,没学的需要补。单靠领导的辅导不行,自己要努力,才能在需要时能胜任新的工作。

平时要多练，掌握十八般武艺。一旦需要，就能用上了。这就是所谓的"宁可机会负我，我不辜负机会"。

我还有个看法，自己要做好资料。应该进行各方面的资料的积累。尽管报社有资料室，但为了方便，为了比较深入，还是要亲手做笔记，做卡片。宦乡同志从当记者起，就有卡片箱，每天把报纸上的重要东西剪下来，搞了很多，分门别类，大多是国际国内的大事。新中国成立以后，周恩来同志让他去当外交官、当大使，就能胜任。以后又当中国驻欧洲共同体大使，又研究经济问题，也能对世界经济问题发表精辟见解，成为行家。他现在在中国社科院当顾问，他坚持不断学习，从不放松，我就做不到。主要没有像他那样几十年如一日的恒心。积累资料很重要，可以锻炼自己。自己动手的，比从资料室调来的印象深，运用可以更得心应手。而且，正如上面我所讲过的，有时要赶时间，赶写一篇报道或社论，资料自己手边有，就方便多了。

总的说，作为大众传播机关，应该成为志同道合的战斗集体。个个很精干，可以"孤胆作战"，而正常情况，战斗要靠"群胆"，既志同道合，又是坚强凝聚的集体，就可无坚不摧，取得预期的战果了！

十、时间是新闻现代化的尺度

新闻是广义的。

一切大众传播事业现代化的尺度是时间。

从新闻到新闻传播

新闻事业现在已经发展成为大众传播事业。新闻的手段不仅是报纸,还有广播、电视。这是新闻传播媒介发展的必然结果。它成为信息社会的重要核心,成为推动新技术革命的重要枢纽。

有人大惊小怪:"传播学是不是资产阶级的东西?"甚至还有人说:"是不是传播基督教义的?"

我没有系统研究传播学,但我知道这是一个新的学科。外国的有关书籍中,可能有唯心主义的成分,我们应该像鲁迅那样,采取"拿来主义"。"拿来"后加以分析研究,去除其糟粕,把合理部分,精华部分掌握好,并结合我们的历史传统和具体情况,改造成为社会主义的中国的大众传播学。

传播,不仅是人,即使是动物,为了生存,为了防卫,也采取合群的活动,需要传播信息。如蚂蚁发现一个死苍蝇,就会招呼本群的同类前来,往往一忽儿工夫,就有一群蚂蚁赶来。这是凭它们的触觉传播信息。蜜蜂采蜜也是这样,一只蜂发现了可采蜜的花丛,可能是用分泌气味做传播手段,指引群蜂到花多的地方采蜜。动物中还有很多,如萤火虫是凭光来传播信息,狼、狗则是凭声音。传播是动物界的自然现象,是它们为了发挥集体力量,求得生存发展的一种手段。

人类以前说有一百万年的历史,现在有人说有一百五十万年,也有说二百万年的。人类的历史,也是传播手段越来越发展,不断提高进步的历史。

人是高等动物,可以直立行走,会讲话,做手势。据说原始人类的语言有几百万种。他们最初用手势、用各种原始语言传播信息,为了取得食物,也为了防卫野兽袭击。以后,有了比较规律和通用的语言,能传播更完整更复杂的内容,不仅能传递当时的信息,也开始有思想,能思想交流。

人类的飞跃是产生了文字。各国的原始文字都是象形字,画山川、走兽等等，是象形的，我国的"六书"也以象形字为首创。看到牛，就勾画一个简单的形象，头上有两只角。看到水，就画了水的流象。慢慢发展成文字。我在大学读书时，听钱玄同讲文字学，讲到最初的文字甲骨文、金石文，大概在殷商以前就有了，几乎都是象形字。加了些简单的会意字。如森林中着火，就画了"焚"字，火烧着树木了。又如，两牛相斗，以后成为"斗"字。

文字的发源，是由于生存斗争，生产劳动的实际需要而出现的。可以说，最初发明这些文字的人是最早的新闻记者。他们把当时发生的情景、事件，在岩石、土墙上刻画、记录下来，或做一个标志，用以提醒人们。或作为"笔录"，留备以后参考。有文字以来，就有了新闻记者。

古人说"六经皆史"。六经中的一半——三"传"——全是当时的"大事记"。其他三个"经"，《易》是记录朝廷占卜吉凶、丰歉的，《书》记载当时的典章大事；《诗》则专门搜寻各地的民谣，等于我们现在的报纸副刊，刊载民间诗歌一样。所以，我们也可以狂妄一点说，六经皆报，不过时间性差一点，是像《新华月报》月刊、年鉴、《时事手册》那样的新闻汇编罢了。

最初记录的是业余的新闻记者。后来，有了官方记者：皇帝设有两个史官，左史记言，右史记事。中国的文字很早，新闻记者也早，一方面是官方记者，记本朝的各种大事，修史；还有民间记者，写野史，做笔记，反映各种活动情况。每一代都有。中国经过不少战乱，如秦始皇焚书，三国、南北朝的战祸等等，烧掉了很多好书，但留下的史籍还是不少，如"二十四史"等等，都是靠官方、民间的史家——记者的记录，加以编辑而成的。以后，还总辑成《永乐大典》《四库全书》等丛书、类书。

有了文字，传播就进了一大步。最早是在甲骨上或钟鼎上刻字，非常费劲。后来使用竹简，并编订成册，仍然不方便。当然，这是人类传播的发展结果。有了书，就可以把人类的知识、经验传送更远，还能够传之后代。但太原始，毕竟很困难。所以鲁迅说古书内容很简单，是记事、记人、状情、状物，都只能是提纲式的。《春秋》只用几个字就记录一件史事，原因之一是刻字很费工夫。这样的好处是简练。

中国是世界上造纸最早的国家。蔡伦发明造纸后，对于文化发展很有利，但书写只能一份一份的，仍然麻烦。那时出书，要一版一版地刻，花很多工夫，要好几年的时间。后来，毕昇发明了活字印刷，比欧洲最初发明的德国古腾堡活字印刷早一百五十多年。毕昇的字块是泥土制的，德国的是金属的。活字可以排版印刷，比过去方便得多，文化就可以更广泛地流传。

新闻事业的正式形成，在毕昇发明活字印刷后成为可能。过去如一个政府的公报，不知要刻多少版。有活字排版，报纸就能广泛流传，从萌芽状态逐步发展。

假定人类有一百多万年的历史，从有文字到印刷，只有几千年的时间，而能刻活字印刷，不过是几百年的时间。这段时间进步很快。我小时候在家乡看见的印刷，就是石印，没有铅字的。王韬初从苏州到上海时——19 世纪 50 年代，看到有牛拉的印刷机，中国的近代式报纸，开始创设了。以后，有了铅字印刷，有了卷筒印报机，中国近代报业，更蓬勃发展起来，如雨后春笋。我于 1929 年到天津《大公报》报馆，才看到了平板印刷机。翌年该报买回第一部转筒机，这是当时印刷的现代化新成品，北京各报都是平板机。上海的《申报》《新闻报》则比较早有了转筒机。当时中国还不能造。后来，《时报》新进了一部最新的印刷机，可以印三种颜色、印照片，震动了全国。当时开运动会，每天印一张画报，销路大大上升。

我做新闻记者之初，我国还没有无线电报，只有有线电报。从太原打一个电报到天津，加急电每个字收费三角；也要五个小时送到。只有一根线，只有一家外国公司的水线，从天津到上海、香港，传递新闻电报要快一点。美国到日本、中国，在海里有一条水底线，还需要经常维护。华盛顿会议，决定日本归还中国的胶济路和青岛等十九条条款，日本两张大报，《朝日新闻》和《每日新闻》竞争厉害，两报记者都同时得到了会议文件全文。《朝日新闻》的记者就写了个简单报道，即九国公约决定把青岛和胶济路归还中国的简讯，打电报到大东电报公司，先发走，并以发圣经占住线路，写好第二个详细的报道立刻再发。《每日新闻》的记者写了长稿，但却因线路被占而无法发回日本。可见当时日本社会，报纸竞争如何激烈。

1930年，从北京到沈阳试用无线电报。以后，无线电普遍了，新闻传递很快。有一个留学生到《新闻报》，对汪伯奇说，他可以从空中截获电报，就是路透社、哈瓦斯社、德新社等发的无线电报，他也能从空中"抓"下来翻译。他是学无线电的。《新闻报》就买了一个收报机，改为自己的专电，销路大增。后来，各报都如此。再后来，有了电传照相，更加推动了报纸的改进。我在沈阳采访运动会的消息，当时还没有电传照相，我就先打听谁的成绩最好，分析估计谁可能出名，如刘长春，就在这次运动会会场先给他照一张，跳高的也是如此，照好后编号寄往天津，等到运动会成绩一公布，就试用当地的电报局，按编号报成绩，消息发得快，第二天的报上全部登出来，照片也同时出来，读者很新奇，轰动了天津和北京。这是对传播手段的不得已的补充办法。

1932年,中国才开始有广播电台。初期只有南京中央电台,后来,上海先后出现私营电台,那时,我国不能自制收音机,买一部美国的收音机,非几百元不可,一般人根本不敢问津。

印刷机器也不断改进。20世纪30年代中国能自己造卷筒印刷机,比国外便宜得多。国民党统治末期,也能自己生产转筒纸了。

这些,都使传播事业进入一个新时期。

20世纪七八十年代,世界进入电脑时代。由于电脑的广泛使用和人造卫星以及光导纤维等的发展与实用,大众传播事业成了信息社会的中心,从而掀起新技术革命的浪潮,日新月异,大大推进了人类社会飞速前进。

争分夺秒,赶超时代潮流

一切传播事业,说明人是万物之灵。动物只能凭它的肢体和本身的器官,靠声音、触觉、味觉等来传播信息,而人能不断地发明工具,把五官的能力越来越延长,到现在,神话中的千里眼、顺风耳等等已经被现实远远抛在后头。如电视伸延了视觉，人们可以通过"同步"卫星看全世界刚发生的情况，如在西班牙举行的世界杯足球赛，就会在眼前出现其现场拼抢的情景。听觉也通过电波而扩大，北京的声音可以立即传遍全中国全世界。如邓小平等同志在某些重要会议上的讲话，中共十二大开会的过程，世界排球比赛的现场音响，我们都能借助于收音机而听到。

传播，是一切动物都有的本能，而人类却能够有意识地不断发展它。有了传播，就有了教育的手段，有语言、书籍，才能传之后代。大众传播，新闻事业，不仅能面向少数人，而更重要的是向大多数人，广泛地传播，无远弗届。速度之快，可以同步。新闻工具使传播更快更真，如足球赛，还有慢镜头，可以检查是否犯规。传播事业通过电脑和卫星，进入一个崭新的阶段。新闻的采访、编辑、印刷、媒介、工具的每一步改进，都能缩短传播时间。落后就要挨打。

我有一个很痛苦的经历。《大公报》发行上海版，机器每小时只能印两万张份，每天出版三张，还有本市增刊，负担重。同样的新闻，《申报》《新闻报》机器多而新，他们能赶上，我们赶不上；速度上竞争不过人家。当时，上海开往苏州、无锡、常州和嘉兴、杭州等地的火车清晨六点半左右开出，去各县的运报卡车也在七时前开出，报纸必须在这之前送去。卡车为

《申报》《新闻报》所控制，司机都听他们的话，这两家的报到了，这卡车就开出，不再等别的报，赶不上自己倒霉，江南各城就看不到当天的《大公报》。我们的工作很紧张，把时间都计算好，报纸要按时送到火车站和汽车站。必须在开印之前发下大样，差不多每天要等印刷机开动了，车子开出去了，并回报说：赶上了！我才放心。等我回去睡觉时，大儿子已经背起书包上学了。所以落后就挨打、被动。《申报》《新闻报》就没有这样的问题，它的印刷力量占强、设备先进。

目前，我国在传播工具上已经大大落后了，由于"文革"的耽误，落后了二十年。我们必须加紧赶上去，走进前列。这样才能实现传播事业的现代化，才能迎赶新技术革命的浪潮。

美国传播学大师宣韦伯博士讲了一段很生动的话：如果以人类历史一百万年作为一天来算，那么这"一天"的"一小时"就等于41666.67年，一秒钟就等于11.5年。人类的原始语言产生于公元前10万年，相当于这一天的下午9：33；人类有正式语言在公元前4万年，等于晚上11：00；文字产生于公元前3500年，相当于晚上11：53；宋朝的毕昇创造活字印刷已经是11：59分4秒，仅差午夜56秒；1839年发明的摄影仅差午夜12秒；爱迪生发明的电影仅差午夜9秒，无线电的发明仅差7秒，广播电台1919年的出现仅差6秒，到了1926年电视的发明仅仅差4.5秒钟；1945年有了电脑，这时差午夜仅3秒钟；1954年发明了人造卫星，接着又有了卫星转播，这些新的发展都是在最后的"一二秒"内出现的。所有最新式的传播工具，都是在最后"一秒"钟创造发明的。

我国在人类发展的历史上是一直领先的，如文字、印刷等等。蒸汽机问世后我们落在了后面，辛亥革命后，慢慢地赶上去。我们偏偏是在最后的"一秒"，即使用电脑、卫星转播、激光、遗传工程时代，新的技术革命时代白白浪费了二十年，因而大大落后了。所以，在今后的时间里，我们要在工业、农业，也要在大众传播方面赶上去。在历史的长河中我们只落后了一秒钟，但关系重大，非赶上去不可。时间是衡量大众传播事实现代化的尺度，意义就在这个地方。大众传播学是时代发展的必然结果，不能因习惯于锄头犁耙，就不采用拖拉机，也不能置现实于脑后，像鸵鸟那样。

现在，党中央，新闻领导部门都重视这方面，如何打开新局面，增设广播学院，有关大学里也加强了电脑的学习和使用。今天，80年代的新闻记者，应该懂得现代化的采访工具、采访手段，印刷工具、印刷手段。《人民日报》《中国日报》已开始试用自动打字机，印刷用电脑胶版印刷机，用中文电脑"排字"还没解决。据说台湾、香港已经着手解决汉字电子编排问题，走在前面了。

我在厦门大学参加筹建一个新闻传播系，就是一个初步的尝试。我对大众传播学、电脑是外行，但我认为这是一个趋势，新闻现代化必然要走上这条路，而这就需要培养人才。我们在工业上吃了苦头，有好机器却不懂操纵，印刷、采访等有了现代化的工具，同样需要人去使用和维修。

现在我们出版一本书要几个月，慢的需要一年多时间，而日本几天就能出一本书。我的《报海旧闻》在日本翻译出版，我在1982年12月中写日文版序言，12月20日寄去，1月20日他们已排在书前，全书已印好发行了，翻译印刷总共才一个月，15日付印，五天就完成了印刷过程。这说明我们的差距有多大！

报纸也有这个问题。很多传播工具正在改进之中，很多专业人才缺乏，能运用现代机器的人也不多。我想：三五年内，我们的报社应该实现电子编排。记者可以坐在家里，或车子里，用自动打字机"写"出稿件，立即在报社荧幕上显现，编辑可以用电钮改稿、审稿，总编通过电视屏幕决定取舍、最后润色并拼版，很快可以付印。这些新的传播工具，记者、编辑都应该好好掌握。

我在香港时，发生疯狗咬死人的事情，香港当局要求全港在两天内检查全部的狗并打预防针。当天下午电视里播出了全过程,警察、医生来到某家,怎样把狗抓起来,怎样检查、检验,看得清清楚楚。这就是电视台记者跟踪现场采访的成果。

人类越来越聪明,传播技术越来越发达。历史证明,中国人的头脑绝不比任何所谓先进国家的人差。近年来,我们在国外的留学生,很多人成绩突出,不少人还有重大的发明创造,受到高度的评价。中共十一届三中全会后,知识分子正在新觉醒,决心要振兴民族,振兴中华,在科学、生产、教育、国防等方面智力投资,为赶上或超过先进国家做出贡献。民盟搞这个多学科学术讲座,也是这方面的工作。

传播学的研究是一项不可忽视的工作。我们要得到国外的最新消息,要对外尽快宣传我方的方针、政策,都要通过传播这个渠道。但就目前我国新闻传播的状况来说,我们的新闻远远不如国外,新闻很难立刻传出去。当前,我国的传播工具还很落后,"迟到"的新闻(因为不新了)很难被国外报社采纳,使得外国记者报道的不正确的新闻赶在了我们正确新闻的前面,因而正确的新闻不能及时吸引群众,收到应有的效果。这就是为什么我们要研究传播学,把失去的时间夺回来的原因之一。我们要用现代化的设备、现代化的知识武装我们的传播工具,使之成为宣传党的政策的武器,更好地发挥新闻传播的作用。

当前，新闻传播如果要以最新的事实向海内外宣传和介绍我国改革开放的最新情况，就要把新闻传播技术方面失去的时间追回来。我国的电视、广播已有了很大的进步，但印刷工具仍然停留在三四十年代的水平。只有《人民日报》《中国日报》的印刷用电脑胶版印刷机。为数不多的新型采访工具仅少数人使用，还不能做到普遍地、有计划地用。

在传播工具发展过程的那"一天"里，最快的发展速度是集中在最后的"三秒钟"内（有的甚至是在一秒钟内，如电视、电脑、卫星转播的出现）。然而我们的传播技术恰恰在这"一秒钟"内因"史无前例"的运动被耽搁了，止步不前了。从这个意义上说，我们要赶上先进的行列，就要秒秒必争。争分还不行，那"一分"相当于几百年啊！

胡耀邦同志多次指出，思想再解放一点，步子再快一点。说明中国共产党是有决心搞好各项事业的。新闻战线也应该有这一点精神，夺回"一秒"，赶上世界水平。

我们要有雄心壮志，响应党中央的号召，迅速赶上去，不甘落后于人。我们不能想象五年、十年以后，记者还凭着一个笔记本、一支笔，就去进行采访，当好记者。总有一天，不仅中央的报纸，省报和地方报也都要采用各种新式的采访编报设备，以及最新的电脑机，在各方面实现电脑化、现代化。

听说，美国、日本等国的学者，已在搞第五代的电脑了，我们真该争分夺"秒"，赶上去啊！

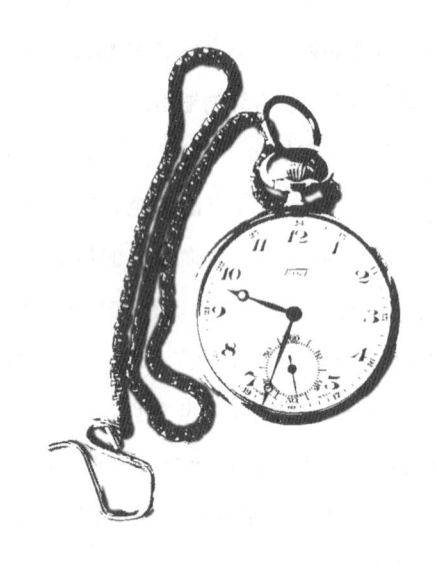

结束语　新闻事业的生命力在于不断改革

中国的报史是一部不断改革的历史。

中国现在的报纸还比较落后，但我们的历史悠久，从文字的产生就有记者，史学一向是先进的，"二十四史"各国都没有。外国人就从这些史料中搜集整理，编出一部《中国古代科学史》。其实，这方面还有很多，如中国的水利史、地质史、交通史等等，都包含在史书和有关书籍中，值得研究和传播的内容极为丰富，有待于我们的努力。

改革一直延续到现在，进入一个大变动、大改革的重要时代。在这新的时代中，改革应该注意到两个方面：其一，物质的、科学技术的改进，推动了新闻事业的发展。这是基础。其二，新闻艺术需要相应的配合、提高，适应传播工具的发展。如早期的报纸，只要多动脑子多动腿，有一定的文字表达能力就能搞好。现在，如果不会使用照相机、录音机、录像机、步话机、打字机等先进的采访工具，就很难当好记者。再如编辑，新的改稿办法是通过屏幕显示稿件，与过去的看稿纸的艺术就不同。如何运用新技术，尽力使版面好看，同过去也有很大差别。如标题，在香港使用电脑排版机，字体可由电钮控制，标题字可以侧排，非常富于立体感。过去只有四五种字体，现在却能变化无穷，更有吸引力。

近代报纸产生后，在中国一百多年来，一直是在不断地改革，特别是解放以来，改革加快了步伐，大都是从这两方面进行，互相促进。目前，世界上的科学技术突飞猛进，在人类历史的"最后一秒"，也就是这二十年内更加如此，而我们恰恰落后于这个时代。所以，要抢回时间，不仅在传播工具方面，在新闻艺术方面也是如此，我们要不断研究，不断改革，促使新闻宣传的效果更好，为社会主义物质文明、精神文明做出贡献，发挥更大的效益。

报纸的改革，大众传播工具和新闻艺术的改革，是顺应时代潮流，符合历史发展规律的。新闻现代化跟不上，就要拖四个现代化的后腿。照规矩，传播事业、出版工作要打头阵，造好舆论，但目前却显得不够。报纸受到社会的要求和来自各方面的压力，非加快改革的步伐不可。所以，要打开新局面，就不能因循守旧。老一套的，不管是设备和写作方面的，凡属落伍或过时的，都应改造或收拾起来。要总结历史经验，吸取教训，特别是近三十年来的经验教训，使新闻艺术更能跟上时代的步伐，适应振兴中华的需要。1956年，报纸（上海《文汇报》）进行了新闻艺术改革的尝试，受到读者的欢迎。到"十年浩劫"，改革不仅中断，而且回到了原始的、落后的状态。不讲时间性，不讲新闻性，充满了谎话、套话，除少数受骗者外，稍有头脑的人都不相信报纸，十分可悲，太可悲了！

今天，党中央拨乱反正，使我国现代化的过程走向稳而快的发展阶段，新闻事业的改革也应走上稳而快的发展阶段。我们作为新闻工作的成员，不管是像我这种退伍的老兵，还是新参加的战士，或者是担负重任的领导，都应该具备献身精神，有志于新闻事业的改革，为有中国特色的社会主义新闻事业现代化贡献自己的力量。

报纸改革，也是新闻艺术提高的过程。随着设备现代化，新闻艺术就必然要改进。我们的新闻艺术过去落后了，有些方面呆板、僵化了。今天的社会日新月异，生气勃勃，要把僵化的东西打破，更快起步，实行改革。现代化的标准就是时间。采访、编排、印刷，都要求快，争得一分一秒，现代化就跨进了一步。我们不仅要在国内尽快传播新闻、传播信息，更要在国际上有竞争力，消除落后状况。如六届人大开会，九点讲话，别人九点零三分即发出去了，我们就做不到。我们的新闻虽然更正确，但时间落后，别人就可能先入为主，产生不好的影响。我们的通讯卫星上天后，自己有那套设备，就可以向全世界各国大众传播编辑部的屏幕上传播消息，包括台湾的报纸和电视台，一下子就能收到正确的消息。这样，不仅对人类的文化交流更有益，对争取祖国统一也更有利。所以，要多多学习这方面的知识，包括传播技术和新闻艺术的知识，才能在波澜壮阔的新闻事业改革中，成为冲锋在前的弄潮儿，把新闻工作干得出类拔萃，真正有所建树。

我已到了垂暮之年，但一是不服老，二是不自量力。人总不免一死，但事业却是永存的，是一代一代传下去的。我还始终抱有为新闻事业多添砖加瓦，助其成为摩天大厦的精神。所以，本来我没有系统学习传播的知识，但看到当前的趋势，要现代化就需要设置这样的传播系，故向厦门大学提出建议，得福建和厦大领导赞同和支持，海外的朋友也支援了不少器材和人力、物力，前景可喜。这次讲"新闻艺术"，也是尽自己的一份心意。知识分子的觉醒，在各个历史时期都发挥了巨大作用。当前，在振兴中华，加快改革开放步伐的新时代，知识分子的新觉醒必然带来丰硕的成果，其中也包含着新闻艺术的更上一层楼。

附 言

这组讲稿，最初由我的学生——复旦大学研究生贺越明同志整理详细提纲。1984年春，武汉大学新闻系讲师侯德江同志，根据民盟中央的录音，逐句加以笔录整理。德江同志学识丰富，文笔流畅，所以初稿整理得很好。在向知识出版社交稿之际，应先向这两位同志和民盟中央科学文化委员会的同志们致深切的谢意。

从我第一次讲"新闻艺术"至今，又一年多过去了，新出现的事实，更加说明提高宣传实效、讲究新闻艺术的重要性。以信息社会为核心的新技术革命，更加汹涌澎湃，滚滚向前；作为信息社会的重要枢纽，大众传播事业也更加日新月异，奔腾前进。

中国过去的报纸，都标榜新闻翔实。翔，就是快。而现在信息的传递，不是飞翔，而是事实与传播像影、形一样，同步出现了。

在这样的时代，传播的信息不准确，或稍有错差，势必使我国的生产建设和精神文明建设蒙受损失。慢了，也将对现代化建设特别是对外贸易方面造成影响。

不彻底肃清"左"的影响，消除"假、大、空、套"这些余毒，重视新闻艺术，就不可能使大众传播朝气蓬勃，富有生气，富有吸引力、说服力和感染力，提高宣传效力，为现代化服务，面向世界，面向未来。

大众传播学里有"反馈"的章节。就是说，传递的信息准确、及时、生动，使受传者在物质生产、精神生产方面收到实效，反过来又丰富了信息内容。

如果信息有差错，不及时，或者传播方法不生动，缺少吸引力、说服力和感染力，也会使受者生厌而引起反作用，这也是一种"反馈"——"倒胃口"是一种结果，呕吐、恶心也是一种结果，更甚者是"食物中毒"。

所有这些，我们在"文革"十年中已有惨痛的例证。

总之，回顾过去，展望未来，都说明我国新闻改革的刻不容缓，也说明习仲勋同志两年多以前所提出的真、快、强、活、短"五字诀"是多么正确的方针。

1984 年 9 月 1 日　上海

关于《新闻艺术》的通信*

《团结报》编辑同志：

民盟中央将主办学术讲座，嘱我也参加，题目定的是《新闻艺术》。来信问讲稿是否已完成？大体内容是什么？不少亲友也来函询及此事。

这几年，我先在香港《文汇报》，以后又先后在广州、厦门、福州、杭州、上海及江苏几个城市，谈谈我的老经验，从新闻采访、写作、编辑（标题、版面安排等）到新闻评论和人才的培养等等，都谈了一些，自己杜撰一个总题目："新闻烹调学"。钱伟长同志给我改为"新闻艺术"，希望我多补充一些内

---

* 这是作者在准备"新闻艺术"讲座期间写给《团结报》编辑部的信。《团结报》刊发此信时的编者按如下：新闻界前辈徐铸成同志，将在今年暑期民盟中央主办的多学科学术讲座上，主讲《新闻艺术》。本报曾请他"泄露天机"，先谈谈这一讲座的设想，想来是新闻界同业所乐于知道的。——整理者注

容，并稍稍加以条理化，参加这个讲座。

顾名思义，不会多涉及有关新闻宣传的基本理论问题。因为：一、这些问题，归根到底，由我们国家的性质所决定。新宪法有明确条文，并经各新闻教育机关和新闻报刊反复讨论，阐述已很清楚，二、我从来没有受过系统的新闻教育，不是"科班"出身。《大公报》在旧中国，大概也相当于一个"富连成"吧，我从20年代末期起，在那里学"艺"，从跑龙套开始，生、旦、净、末、丑，各个行当都学过练过，直到挑大梁，唱过几年压轴戏。以后，又自己组班——《文汇报》，从抗战初期到解放以后，几经改组，自以为对这套艺术，有一些体会，并有所发展。

现在，已是一个解甲的老兵了，但对新闻事业，还有浓厚的兴趣。好不容易盼到这样一个充满希望，光明闪耀的时代，总想竭尽绵力，有所贡献，而腰腿不行了，嗓子也干枯了，只能像张君秋、侯宝林等同志一样，带带徒弟，写写掌故，到大学讲坛上去谈谈心得；精神好时，也偶尔在海内外报刊，"串"演一段。这次参加讲座，也算是表达这种心愿的一个机会吧。

中共十一届三中全会以来，一切讲求实事求是。短短几年，各方面已出现了新局面。国民经济从崩溃的边缘，逐步改革，以提高经济实效为中心,已经欣欣向荣,走上健康发展的道路。

我们新闻传播事业,也在蓬勃发展中,正在谋求进一步打开新局面,是不是也有一个讲求宣传实效的问题值得考虑呢?

由于电脑的发明和广泛应用,传播工具已日新月异,不仅广播和报纸的编、采、印刷工具有了新的武装,而且电视、电脑、卫星传播等新媒介日益广泛应用和不断改进,信息的传递,几乎可以做到和新闻的发生"同步"了。

1983 年 3 月 18 日

序言　　　　　徐铸成

1941年十二月八日，爆发了太平洋大战，香港旋即陷于日军之手。我变装逃出蓬室，辗转由韶关、衡阳到了桂林，继续操文旧业，邪歧，嘻老甫定，得以枕戈下的山水著邑所慰恧，沉酥，同此接触文化界各方人物，高柳亚子、陈豹光、陈此生、宋云彬、田汉、洪深，欧阳予倩及白鹏飞、狄膺、金仲华诸先生，咸一时彦俊，为方面权威，使桂林事时有文化诚之称，真是物华天宝，人杰地灵，范腾虎跃，凡重游此，我置身其中，叨教不少，甚有啻立心金清之感。

而不久，竞行严先生来桂适遇易以长诗属调诸报章，并与同好如呼和不绝，我于此适未窥门径，而得结识朱婴万（荫龙）先生，引为知交，数闻行严先生对婴万之诗词，双管不绝口，称其功坐之深，词度渊美，不愧为当时诗坛之伟素。

某日向午，龙束心（泽晋）老先生数宴行严先生，当时吾先生已年进九旬，犹精神矍铄，铅笔旅览，我由婴万之绍介，叨列末座沐沫，得最亲炙的宴集通宴里，而谈笑烂漫四座。他与吾老于1903年"苏报案"而老振孪逮捕之，轻红助听，谈及过日与琴秋唱和之计，龙首飞色舞，不堪又禁意之态。

桂林酒家耶时为仅在之少数老店之一，把楼布置，犹保持特色，菜精色之精美，想多举基老年婴达而特意拣选，山珍海味，自不特言，昔上一次虎焙乳猪，昔脆鲜嫩，入口而酥。人谓"食在广州"，我曾多次往稷、港珍馔，馔不是以为之。这今三第四十五年，自一回忆，仿佛犹香。

徐铸成先生手迹

附录

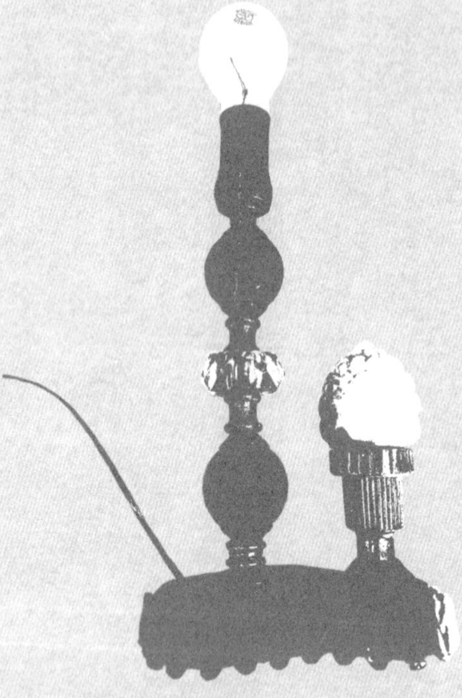

记者节上的讲话*

新闻业是一项非常艰苦而严肃的职业,新闻记者一天忙到晚,一年忙到头,忙的都是别人的事,是国家社会乃至世界的大事;只有今天这一天,记者节,算是我们自己的日子;我们应该乘此难得的机会,说几句自己的话。

中国之有近代式的报业,已经有近百年的历史,虽然在规模上、内容上,中国的报业迄今还非常落后,但在这几十年中,的确有许多仁人志士如国父中山先生及梁启超、宋教仁诸先生投身新闻界,奋如椽之笔,启迪民智,开创革命的先河。这次抗战,新闻界的工作也相当辉煌,大部分报人都随政府播迁后方,历尽艰苦,而绝不放松其岗位,更有在沦陷区冒险与敌伪苦斗,发扬正义,诛伐丑类,其贡献尤为难能可贵。

---

* 原载《文汇报》1946 年 9 月 1 日。这一天是民国时期的记者节,系作者为 1946 年记者节在《文汇报》撰写的文章。——整理者注

现在胜利已历一年多，我们追念抗战中殉职死难的新闻界先烈，实不胜凄怆愧憾，他们不惜一切牺牲所追求的，是一个团结进步、民主自由的新中国。而胜利一年以后的中国，还是烽火遍地，分崩离析，甚至军事上经济上都受人控制，成了一个十足的殖民地。这责任，固然不应归咎于新闻界，然而我们新闻界不能善尽神圣的任务，辨是非、明黑白，为国事呼吁，为人民请命，也不能不说是有亏职责。

这一年中，一面是高唱新闻自由，一面是尽量使报业"一元化""标准化"，新闻界的遭际，的确是空前未有的沉重，然而即使如此，也未必就可作为噤若寒蝉或颠倒黑白的理由。作为一个报人，必定要有所不为，守住一个最低限度的立场，正视事实，正视真理，即使所服务的是一个宣传机关，至少也应该把握一点良心良知，为人民说几句话，不在真理面前低头。中国必须安定，必须循民主的轨道加紧建国，而不容再自相残杀，纷乱倒退，这是无可争辩的真理。为什么我们不该面对这个真理，积极主张，响亮呼喊！就是封住了我们的嘴，也决不许低头屈服；站在任何的立场，至少总不该对黑暗鼓掌，为流血喝彩。看看现在我们的国家是什么样子，看看我们一般同胞过的是什么生活，所谓"民众喉舌"的新闻界，难道不该根据事实报道，本着良心说几句话吗？

中国的新闻界是有过光荣历史的，特别在上海这个文化的中心；今年于右任先生在沪演讲，详述上海新闻界过去的奋斗史，认为上海是新闻界的上海。今天纪念记者节，我们应该复活新闻界先烈先进的浩然正气，把我们已失的灵魂，召唤回来！

新闻自由是民主政治的先决条件，假使政府及各党派真有诚意实行民主，就必须真正爱护言论出版的自由，而新闻界本身，也必须争取这自由，善用这自由，一切新闻报道难免有无心的错误，但不许存心撒谎，指黑为白，否则就等于利用这社会公器，欺骗读者，毒害社会，触犯不可饶恕的罪恶。同时，新闻记者应有定见，对于真理和国家民族的利害大义，不容含糊歪曲；但不许有私见党见。另一方面，新闻界不许以新闻做买卖，所有业务以外的收入，职业以外的酬报，都不该收受，严格说，就是说人情，索便利，也等于变相的贿赂，间接的买卖。凡是自重自尊的新闻从业员，都应该守身如玉，保持这点清白。上面所说的，都是新闻界最基本的信条，国际的同业和我们的先进，早已认为必遵的立场。希望我们这一代报人，更能信守不渝，为中国新闻界奠定一条光明之路。

中国正在空前的苦难中，挽救危机，化除戾气，新闻界责任实在重大。今天是我们自己的日子,我们要乘机检讨反省,肩起这副万钧重担,面对着真理现实,把工作健全起来,把态度严肃起来。

中国报纸的传统*

首先我们估计一下几年来报纸工作的主要成就和缺点。我觉得解放后报纸工作有很大的改进，主要是明确了工人阶级的立场和马列主义思想，明确了赞成什么和反对什么，强调报道的真实性，要联系实际，联系群众，开展批评与自我批评等等。这都是过去报纸所没有的。有基本的、普遍的意义，应当肯定。但是在学习和实践的过程中，我们的报纸有什么缺点呢？第一，注意了真实性，忽略了时间性。第二，报纸有共性，但丧失了个性。如果把各报的报头去掉，就很难分出这是哪个报纸。第三，重视原则性，忽视宣传效果。我们办报的指导思想是"但求无过"——只求不犯错误，不注意宣传效果。报道一般化，没有感情，干巴巴的，记者也不敢把自己的感情——尽管是健

---

* 原载《新闻与出版》1957年4月10日，是作者于同年1月8日在上海《解放日报》业务学习座谈会上的讲话。——整理者注

康的感情放到新闻中去。这些工作中的缺点，也可以说是转变中不可避免的，也是在改变过去报道的"克里空"、客观性等所带来的消极作用。我们办报的人应该对这些缺点负责，不能说是苏联经验不好，而是我们没有把苏联经验和中国的具体情况结合起来，只学到皮毛而没有学到它的精神。如有些报道写法不很生动，把立场观点放到脸上，开口见喉咙，缺乏技巧。又如报纸有专业分工，有工人报、青年报、教师报等。我觉得报纸没有新闻，枯燥乏味，就不像报纸，这是把报纸和杂志混淆了。

党对新闻工作的指示和几次报纸工作的决议，都应该肯定，在今后改进中应该巩固下来。如果把这些都改掉了，那就是严重的错误了。我们的改进，主要是在形式方面，工作的方法方式等等。我们也应该学习苏联经验中好的东西，资本主义办报经验中对我们有益的东西也要学习。尤其应该学习中国百年来的办报传统经验，我们要办好一张报纸——社会主义的中国报纸，社会主义的内容，中华民族的形式，这是摆在我们面前的任务。

批判、发扬中国办报传统

中国报纸有没有传统呢？有人说，过去的"官邸抄"不是报纸，中国报纸是与中国的资本主义一起发展起来的，所以没有传统。我不同意这个看法，我想，问题还在如何来看待中国报纸的历史，不能笼统地对待中国过去的报纸。中国有报纸已有百年余，我认为可以把过去中国近代报纸分为两种类型。

一种是洋人办报。鸦片战争后，外国人在中国办了一些外文报纸，如《字林西报》等。后来为了要向中国人宣传，为了侵略，就办华文报纸，如香港的《华字日报》等。《申报》也是外国人创办的，以后卖给中国人，其目的是赚钱，所以没有自己的主张，也没有培养出人才来。（只有在史量才办报时期才有主张，不过时间很短促。其他报纸，如《新闻报》等也是如此。）他们谁来就依附谁，新闻和文章都不接触政治问题，不面对现实。编辑部受经理部管，经理部受广告科和广告公司控制，甚至版面上先安排了广告，由编辑部去填补。以后日伪和蒋介石就抓了这个弱点，把这些报纸抓到自己手里。这样的报纸是谈不到什么传统的。

另一种是文人办报。鸦片战争后，一部分进步人士要求改良变法，没有武器就从文化开始，如王韬、梁启超，后来还有孙中山、邵力子等。这些人大都是自己凑钱办报，规模不大，提出政治主张，以影响别人，推动改进。这种情况与资本主义国家不同，也可以说是半殖民地半封建国家中办报的特点。这里就谈到传统，就是敢说敢言。报纸被封闭后，再办；办报的人被抓了，再办。报纸的主张上受到限制，就办副刊。例如梁启超、孙中山都以报纸宣传革命。孙中山比较注意统一战线，组织同盟会，曾推荐并不主张民主民生革命的章太炎主《民报》，不求舆论一律，调动各方力量，是有自信的表现。鲁迅就在《自由谈》上发表过自己的主张，邹韬奋也办过报纸，敢说敢言，他们办报不是为了赚钱，而是为了发表自己的政治主张，对国家有所贡献。这就是中国报纸的优良传统。文人论政的传统，后来得以发扬光大，吴、胡、张续办的《大公报》，在这方面达到了一个顶峰，应当说至今海内外华人圈子里还没有人达到这样的高度，历史还将给这个时期的《大公报》更加合适的评价。同时这些报纸还创造了各种形式来适应环境，联系群众。如解放前的《文汇报》，在政治转变时，就利用读者来信，编者的话，座谈会等来揭透社会矛盾。

我认为要研究中国报纸的办报传统，就是要研究文人办的报纸。这里有文化人的同人性，发挥同人的创造性、能动性，经过自己的共同研究来进行宣传。也由于重视言论，就使用了史家春秋笔法。文人办报要表示自己的立场主张，言论和标题的每一个字都要考虑适当。又因为是文人办报，就产生了副刊形式，如刊登杂文、诗歌等。

我们要办好报纸，就不能抹杀中国报纸的传统，如果不说是传统，至少也可以说我们也有办报经验。今天就要批判地研究过去的经验，把好的当作遗产继承发扬，改进我们的报纸工作。

制度和工作方法

其次，过去报纸的确有一些好的办报经验，在今天还是值得提出来分析接受的。我想谈一谈《大公报》和《文汇报》的一些经验：

采编轮换制度。编辑和记者在工作了一个时期后，互相轮换，这办法有很大的好处，可以培养全面发展。编辑长期工作后，很容易长出惰性。调做记者后，就了解行情，知道新闻的分量和关键，采访工作中的甘苦。现在，有些记者发来的电报不好，编辑就把它丢了，做过记者的编辑，知道其中甘苦，总是设法把它用出去，能改写的改写，不能改写的也要设法抽出一些来用。我们现在似乎太强调分工，编辑就是编辑，记者就是记者，其实过去的办法仍可采用，当然也不要依样照抄。

言论的集体讨论。现在有党的指示，安排题目比较容易，只要按指示出题目做文章，甚至按条文来写。过去则没有这个条件。《文汇报》每周有一次会，分析当前情况，估计下周斗争重点何在，交换意见，提出题目，然后分配由谁来执笔。这当然是大体的规定，有机动余地，临时发生的问题临时再写。

编辑的准备工作。《大公报》有过不成文的规定，编辑要看各种报纸，互相比较，晚上工作就心中有数。记者也要这样做，可以从其他报纸上找到线索，然后追下去，这是一条很重要的经验。编辑还应该在工作前一小时上班，把稿件看一下，分类清理。我们现在到时候上班，工作很乱，排字房来要稿，就发一些，这样一定搞不好。准备工作充分，工作就会细致些。

编辑记者带助手。编辑初来，主编交一些不用的通讯或社会新闻给他编，修改他的标题，慢慢地看他能独立工作，才给他编小新闻，还要做登记发稿工作。我们现在大都"不好为人师"，其实这制度还是好的。记者也要带徒弟，记者带着他跑新闻，还要修改他写的稿件。

总编辑亲自动手。解放后，总编辑大都忘了自己是个记者。其实不论内部分工怎样，我们终究是记者，应该写各种东西，如言论、通讯、消息等。做头条新闻的标题，是报纸最重要的一件事。哪条新闻可做头条新闻，标题的分寸要怎样才适当，过去，《大公报》都是总编辑亲自动手。头条新闻确定后，编辑部主任发稿时不做标题，打出小样由总编辑去做。总编辑大都是老记者。如果老记者不"记"，就成为"老者"，行将就木矣。

业务学习制度。现在我们都有政治学习,这比过去的报纸强,但如何把政治用到业务上来,这就很疏忽。过去《大公报》每周有一次讨论会,大概是两种形式。一种是专题报告,我们许多人都有一些专题研究,根据情况来做一小时的专题报告,然后大家来讨论。还有一种是一周大事报告,在上周已经指定了人,助理编辑或助理记者也可以做。做这样的报告,都要仔细地看报,经过整理,还要提出自己的看法,报告后大家提意见。这就推动大家关心时局,使大家对时局的看法更有条理。

版面和标题

版面工作。做编辑的条件,我们要求是相当高的,至少要有四五年报纸工作经验,有独立工作能力。

编辑应该有两套本事。一套本事是摸清行市。现在说来,就是要明确政策界限,了解实际情况,才能分别新闻的轻重,知道新闻关键(矛盾)。这好比是做账房,要知道货色,要知道市价。另一套本事是安排版面。版面有一定的容量,但新闻来得有多有少,有重有轻,如果重要新闻太多,不能多出;新闻来得很少,又不能少出。所以编辑要有厨子的本事。新闻是原料，如果重大的新闻很多，一视同仁地放在报纸上，看起来一片汪洋。新闻少了，也要能够拿得出来，使版面上显得很热闹。好的厨子做菜，就有这个本事。编辑也要这样。如果没有重大新闻，编辑就要把几条小新闻并起来。例如在增产节约运动中，有一条机关浪费和一条志愿军节约的新闻，我们把它对照起来，用一个大标题，也很有思想性。这就要看你如何取材。没有重大新闻是不是可以把次要的扩大，太多了是不是可以把重要的缩小，事情并不是完全如此。主要是看你如何打扮，用什么方法来使版面精神饱满，重点突出，给人以立体的感觉。这就要求事先了解行市，做好安排规划，发新闻心中有数。同时还要求版面有风格，读者也知道你的版面是怎样安排的。

标题工作。标题要表明自己的立场，还要把意思表达得很清楚，这是报纸的眼睛。

标题要真实，不要不符合事实。标题可以带有批判性的，但不能离开新闻。过去《文汇报》常常借新闻来批评一件事，如特务头子戴笠死后，国民党开追悼会。这新闻原来可以不用，我们却用了，标题是"戴笠音容宛在"，意思就是说特务统治精神不死，这是借题发挥，但又不脱离事实。

标题还要明确地表示宣传什么，反对什么，不是客观主义的。如果我们做这样的标题："纳赛尔发表演说收回苏伊士运河"，这到底是支持呢？还是反对呢？当然标题也不是把新闻都消化了告诉读者，而要带有倾向性，暗示给读者。标题有实标和虚标。实标就是把事实说出来，如"周总理到达莫斯科"。虚标是要标出气氛，要有高度的概括，根据形势看出方向，这比较困难。解放前国共在南京和谈遭到阻碍，《文汇报》的标题是"大局再拖下去"，这是经过研究的，周总理认为标得对，有倾向性。不过，虚标的标题如果太抽象，就会流于八股，如最近《文汇报》报道人代会的标题："发扬民主，畅所欲言""知无不言，言无不尽"，就像标语口号，读了标题，反而觉得新闻可看可不看了。标题应该促使读者去看新闻，同时又有暗示，告诉读者新闻的重要性何在。

我认为标题要短，用十几个字就没意思。应该一题说一事，不要有两个动词。标题中的主题，一定要把一个事情完全讲清楚，如果要把上下题都看完后才知道，这就不能称为主题。只能称题之一、题之二，或第一行题、第二行题。例如《解放日报》的一个主题："达到是非分明认识一致"，如果不看眉题——"市人民代表经过热烈讨论"是不能了解的。主题要力求简短，删掉多余的字。如《解放日报》有个主题："苏联马戏团昨首次演出"，其中"昨"字可以删去，因为不说也知道。有些题目可用成语的，如果用得不好，就可能造成错误或相反的东西。埃及抗击英法侵略，《北京日报》有一个标题："纳赛尔发表豪言壮语"，"豪言壮语"就是说大话，原来使用这个标题是支持纳赛尔，因为成语用得不适当，反而变成讽刺打击了。中国标题还要讲究音韵，这很不容易。如《解放日报》一个标题："万水千山情意深　温暖不忘送衣人"，很好。

记者的活动及其他

要写好新闻，如何与采访对象交朋友是个重要的问题。交朋友不是要求政治上一致，也不是见面嘻嘻哈哈，而是要能熟悉他的业务，深知他的工作和工作中的甘苦。这样你所要了解的问题，恰正是他要做的工作，或者是他所感到苦恼的问题，他就会和你畅谈，甚至把自己的喜怒忧乐都告诉你。在谈话中，你还可以提出你的见解，使他觉得你不是记者，而是他的朋友，是来和他商量的。借此你就可以获得许多材料，摸清他的底，从中选出所需要的东西来报道。否则，抓到一点就写，很容易片面。如果你单刀直入地问他有什么新闻，他又没有学过新闻学，就只能瞠目以对。交朋友，主要是能建立一种信任，他觉得可以把什么都告诉你，你是完全可以信托的，你报道出来的东西，只会对他的工作有利，至少不会对他的工作不利。有了这种信任，你就能够取得新闻。

报纸版面的风格因人而异，只可以意会，不可言传。例如编国际版的编辑，就必须了解时局的矛盾，版面风格就是由编辑部的意图和编辑对问题的了解程度所形成的，并决定着标题的深浅和版面的安排。此外，标题的用词，稿件的删改，也体现着编辑的水平。

要提早出版时间，就要很好地掌握发稿，做到心中有数。发稿的时候就在思想中形成一块版样。时间长了，排字工人也摸到你的发稿规律，能够按照你的意图拼版，你所设想的版样，和他的拼版结果大致相同，只有很少的地方要改动。现在我们正在试验边发稿边贴版样，这样也可以压缩时间。

《文汇报》过去有几个周刊，我们自己是外行，编不来。让别人来编，过多的干涉又不好。如果不过问，就好像把这园地租出去，不能完全按照编辑部的意见来办。因此，《文汇报》曾搞过周刊委员会，请各周刊的主编参加，编辑部也有几个人参加，这样可以把报纸和主编的意图统一起来。

怎样办好一份报纸[*]

报人的抱负与胆识

——略谈初期《文汇报》的历程

明天是我们报三十二周年的报庆，金老总①要我和余老总②谈谈报纸初期的经历，使我有机会和全体职工同志、新旧朋友见面，十分高兴。

---

[*] 1980年9—10月，作者在香港文汇报社以"怎样办好一份报纸"为题做了数次报告，本文根据作者的报告提纲和香港文汇报社提供的相关资料整理而成。——整理者注

① 金老总，指金尧如。金尧如（1923—2004），浙江绍兴人，时任中共港澳工作委员会新闻支部书记，香港《文汇报》董事兼总编辑。——整理者注

② 余老总，指余鸿翔。余鸿翔（1914—1998），江西婺源人，时任香港《文汇报》副社长兼总经理，1938年时曾任上海《文汇报》经理。——整理者注

两年以前——我在被迫改业二十三年以后，最近又重新回到《文汇报》的战斗序列。因此，我可以首先代表上海《文汇报》向兄弟的香港《文汇报》表示热烈的祝贺，向全体职工同志表示由衷的敬意，感谢你们在对外宣传的最前线，为祖国的统一、为四化建设、为"反霸"斗争，做出了光辉的贡献，使"文汇报"这三个字更加闪亮光辉。同时，我想套用一句外交术语，以我个人的名义，向新旧朋友表示庆祝和感激。

时间可以证明，读者可以同意，《文汇报》的诞生和发展，的确是值得庆祝的。她受到了表扬，也受到了委屈。三十年、四十年的历史，说明她一直站在人民一边，热爱真理、热爱党、热爱人民、热爱祖国，没有反复，没有动摇，经得起历史的考验，经得起时间的审查。到现在为止，国内留下来的老报名，只此一家。上海《文汇报》虽然在"十年浩劫"中被劫夺侮辱，一旦"四人帮"被粉碎后，逐步恢复本来面目，立即受到广大读者的欢迎，发行仅次于《人民日报》，达一百一十三万份。香港《文汇报》也坚定地前进，在李、余两位社长①的主持下，在金老总和各位副总编的主持下，密切贯彻党的方针政

---

① 李，指李子诵（1912—2012），广东顺德人，时任全国政协委员，香港《文汇报》社长。余，指余鸿翔。——整理者注

策,越来越受到广大读者的欢迎和支持。

两年前——三十周年报庆时,我曾写了一文,题为"三十年前",最后提出希望:在香港《文汇报》五十诞辰——二十年后,能亲自来参加庆典。想不到事隔两年,这愿望就实现了,这也说明情势发展之快。

上海《文汇报》比香港《文汇报》整整大十岁。这两个兄弟报纸,我都参加了创建工作,而情况大有不同。

上海——奶妈,香港怀孕分娩,半年后就交给别个同事抚养。但也许是人的弱点,对亲生的总有些偏爱,离别三十年,特别是在"十年浩劫"中,总是想念她。有时,常常在梦中伏案荷李活道的斗室中发稿子、写社论。

今天,看到《文汇报》已是三十二岁的青年,成熟了,自建了十二三层的大厦,而且前程似锦,心中既高兴又惭愧,对自己生育的婴儿没有尽到抚育的责任。也十分感激,感激党的领导和关怀,感激三十二年来各位负责同事,特别是李、余两位社长,金老总和各位老总以及全体职工同事的努力。

初期《文汇报》有一个特点,没有资本家的支持,资金很少,它所以能成长发展,主要靠职工的团结努力和广大读者的支持。

现在,我想分三个时期谈谈那时的情况。

一、上海创立时期；二、抗战胜利后的一段时期；三、香港《文汇报》创办时期。

一、上海创立时期（1938年1月）：

"八一三"抗战，上海沦陷以后，敌伪检查报纸，《大公报》《申报》等停刊。

严、余等六人①决心创建一份报纸，宣传爱国，抗战到底。

资金，凑了七千元，房子借用，印刷代印。

当时上海已成孤岛，腥风血雨，刀光剑影，敌人曾把一个记者的头挂在法租界边缘的一根电线杆上，以警告租界和爱国报人。

出报第三天，报馆请我写社论，第五天，吃炸弹……

半月后，请我正式参加，任主笔，主持编辑部。

二十几个来自五湖四海的人，柯灵、余鸿翔……

大家像上战场一样。

要向敌伪、租界当局和馆内的英国人斗争，坚持立场。

待遇微薄。

---

① 即严宝礼、胡雄飞、沈彬翰、徐耻痕、方伯奋、余鸿翔。前五人为1938年1月25日《文汇报》创办时的中方董事。严宝礼（1900—1960），字问聃，号保厘，江苏吴江人。上海《文汇报》主要创办人。1949年后，担任上海《文汇报》副社长兼总经理、管理部主任等职。——整理者注

敌伪恐吓威胁，手臂、毒水果、炸机器①、工部局把报馆里我等一些人列入的"名单"。

报馆门口雇人站岗，后门和弄堂口装了两道铁门，出入无定所。

读者支持。5.9成第一位，晚报、年刊。②

同仁工作，夜以继日，宿在旅馆。

二、抗战胜利后的一段时期（1945年9月）：

9月复刊，我在《大公报》，介绍宦乡等。次年3月辞职转来。

我当时提出条件，自我参加之日起，《文汇报》不接受任何带政治性的投资，报馆或记者不得接受任何津贴。

凑了一笔钱，买了旧而小的卷筒机。

---

① 这期间文汇报馆被投过两次炸弹，职员陈桐轩罹难，广告员萧岫卿等三人受伤，作者本人也曾收过一只血淋淋的手臂和注入毒汁的水果作为警告。——整理者注

② 指《文汇报》1938年1月创刊，同年5月9日发表评论袁世凯政府于1915年5月9日接受日本政府通牒，部分承认"二十一条"这一事件的社论《五九杂感》，从这天起，《文汇报》销量超过《新闻报》，成为上海销量第一的报纸。同年12月1日，《文汇报》晚刊创刊。1939年初，筹备编辑出版年刊。——整理者注

《文汇报》是"警管区"①"校场口""李、闻血案""下关事件"等事件的主要报道者。

《文汇报》揭露国民党"假和谈",在南京第一线设立分馆,余鸿翔任分馆经理。

那时《文汇报》的经济收入,即用于发工资的钱,次序是,先工厂,其次经理部,然后编辑部。

通货膨胀,迟一天打一大折扣。

党及进步人士的支持。周总理、范(长江)、孟(秋江)、郭(沫若)、吴晗、李平心。

发行读者股,探索改善经济状况的路子。

七天封闭、三次拒毁。

1947年5月三报被封②,我报坚拒复刊。

二陈等国民党高官多次亲自出马,提出政府投资十亿、扩充设备、提高职工待遇等,均遭拒绝。

---

① 即"警员警管区制",上海市警察局宣布自1946年6月1日起,每一警员在分局范围内,管辖80—120户或400—600个居民,警员可以经常对住户进行访问以"明了"各住户详情。这被认为是国民政府压制民主运动的一种制度。《文汇报》发表反对这一制度的文章,被罚停刊一周。——整理者注

② 1947年5月25日,《文汇报》《联合晚报》《新民报·晚刊》三报因刊登"五二〇学潮"的消息,被国民政府以"破坏社会秩序、意图颠覆政府"的罪名勒令停刊,并逮捕了三报记者黄冰、姚芳藻、杨学纯、麦少楣、张忱等人。——整理者注

张季鸾说，遇有大事虽六亲不认，决不袒护，决没有不敢说的话。

战斗技巧，标题、新闻、社论，过几日再详谈。

三、香港《文汇报》创办时期（1948年9月）：

1948年3月来港。外勤，到处联络工会。

9月9日创刊香港版，（这一天是日本正式签署投降书的日子）。

房子、机器，兼经理部，——保险，睡三四小时满足。

资金，说二十万，实收不到十万。

天天大年三十，三千元，断纸。

除党支持外，党的力量够不到。介绍龙云投资先后五万，余介绍詹励吾资助五万，得以维持。董必武同志曾批准我们做了一笔电缆生意，解决了一些经济问题。

识拔和自拔
——谈新闻干部的培养和自我进修

什么事业，干部决定一切。

报馆是言论机关，要和社会各方面密切联系。（坚持真理，反对错误，明辨是非，为民喉舌）尤其要有一批仁人志士、德才兼备的人，团结努力，而且要有一批又一批的新生力量，不断补充。否则事业就不会成功，成功了也会中断。

优秀的主持人，主笔很重要，但正如一个戏班一样，单有主角，没有好的班底，也不能演出威武雄壮的戏，勉强演出了，也不能持久。

邵飘萍是一个例子，生前《京报》也只有部分（新闻、副刊）可看，死后即声望一落万丈，苟延残喘。

《申报》和《新闻报》，营业如此发达，历史长，江南正是妇孺皆知。但史量才一死，声望低落。汪汉溪死后，屡次走错路，终于都停刊了。

解放以后，大报只留《大公报》和《文汇报》，不是偶然的。除立场外，《文汇报》主要是注意培养人才，形成了一个整齐、有生命力、活跃的、志同道合的集体。

新闻人才主要靠在实践中发现、培养、提拔，不能完全依靠新闻教育机关。（它只能提供原料、半成品，不能成为成品。）因为，新闻人才主要靠实践中形成、提拔。

一个有力的证明，有名的记者多不是新闻学校毕业的。

一个反证，当过新闻系主任的，如燕京卢祺新、中央大学马星野、复旦陈望道和王中，他们都如同蒋百里，是纸上谈兵，都没有成为名记者。

自然,并不否认新闻学校的作用,对中英文及必需的常识(包括新闻知识和其他知识)培养较易,但要成才,还要加工,要经过报馆有计划的培养。

关键在于报馆主持人,注意发现、吸引人才,大胆提拔,还要有计划帮助,耐心使用。《大公报》的胡政之是注意发现和培养人才的。张季鸾能帮助提高。周恩来同志曾给予积极评价。

以范长江、王芸生为例,以自己为例。

但胡有一缺点,不耐心使用,不如意就遗弃。

我也喜欢吸引人才,比较能容忍,等待,耐心。我在《文汇报》的四个时期,抗战时,胜利后,1948年香港,1956年复刊,组过四副坚强的班子。"为德不卒",先天不足,是其中客观原因。

培养人才,不拘一格,内外勤。资料工作。一定时间,成为专才,撰写特稿,评论。量才使用,多注意帮助。考察,及时提拔,不能论资排辈。

要培养名记者。中国的近代史和新闻史上,真正以记者闻名的,首先是辛亥革命后的黄远生和刘少少。尤其是黄远生,他为《申报》《时报》写的特约通信,记事原原本本,状人栩栩如生。我拜读他的《远生遗著》,觉得文笔和观察力都是值得钦佩的,但微嫌浅露,缺乏含蓄……

我十五岁那年，考进设在无锡的省立第三师范学校，从此才开始认认真真读报，也有了识别能力，主要看《申报》《新闻报》《时事新报》等，对我最有吸引力的是这三家报纸的"北京特约通信"，每篇都有署名，如《申报》的飘萍（邵飘萍）通信，《新闻报》的彬彬（徐凌霄）通信和《时事新报》的一苇（张季鸾）通信。报纸来了，我首先找这三位的通信。他们的通信，大致隔三四天登一篇。我一旦看到，总是如饥似渴地阅读，常常为他们优美的文笔和深刻、细致的描述所赞叹。他们的文笔，各具特色，相同的是在深入描述当时北京政界的内幕以外，还常有必要的分析和评议。此外，林白水也是很好的记者，但他和邵飘萍一样，生活都过于奢华，有时拿人家的津贴写观点迥异的文章，操守不怎么好。以后，到20世纪30年代，有范长江，写了《中国的西北角》。再后来，还有萧乾、杨刚、徐盈、子冈、浦熙修等，在抗日战争时和胜利后都很有影响。

可是，现在要是让每个报社举出几个在读者中有一定影响的记者，就会有不少报社感到困难。当然，这跟三十多年来政治生活中的风风雨雨有关。其实，每个报社都应该拥有那么几个在读者中特别有影响的记者。读者一看到他们的报道，就特别信服。这样一来，报纸的声誉就高了。

如何培养新闻敏感
——谈新闻采访和新闻写作

如果有人问我,记者的基本功是什么?我会毫不犹豫地回答,"采访"。不会采访,就无法胜任记者这个特殊的职业。

没有采访,就不会有新闻。

新闻是报纸的基础,其他如通讯、评论等等,都是派生出来的。新闻,就是新发生的事实,就是西方新闻学中讲的五个"W"。过去,片面强调新闻是教育工具,党的宣传武器,阶级斗争的工具。为了斗争,搞实用主义报道,可以不顾事实。

有关新闻的说法很多,有人说,"新而奇"的就是新闻,当然,做记者要有好奇心。又说,资产阶级报纸"狗咬人"不是新闻,"人咬狗"才是新闻,这是对新闻的误解。有人说,新闻也符合价值规律,有二重性,工具性和商品性,这有了很大的突破。

在我看来,新闻是关系广大人民利害的(重大的)、有典型意义的、为广大读者所关心的、新发生的事实。

采访是记者的基本功。做不好记者,就难以当好编辑。编辑部的人都是记者,总编辑如果写篇通讯登在报上,落款也得是记者某某人。

过去当报纸的总编辑,样样都要干。记者会的,他要会,而且要干得更好。1926年以后,胡政之当了《大公报》的总经理后,还不时亲自出马采访重要的政治新闻。1930年"扩大会议"政府在北京开张之际,蒋介石、阎锡山、冯玉祥的代表齐集沈阳,竞相拉拢张学良。当张决定出兵助蒋时,最早得到这个消息的,就是亲自出马在沈阳采访的胡政之。有时,他在北京家中休假,也必写通讯,重要的新闻则拍电报。他会照相,还能译电码。后来,我也跟着一一学会。《大公报》总编辑张季鸾也是这样。1932年,他去南京,前后一共三天,就带回来三篇通讯。

现在,不知为什么,有些报社的负责同志很少出去采访,也不写文章。这样,不仅自己无法掌握第一线发生的各类事情和动向,也很难了解记者的辛苦和困难,更不能及时有效地指导他们采访。

有人问过我,总编辑或部主任应该怎样指导记者采访?我想这是一个报社或编辑部领导的工作方法问题,作为一个报纸的主要负责人,应该做到"识货"。一个记者,尤其是青年记者花工夫采写的新闻,总编辑一定要"识货"。只要是可以用的,就要给予鼓励。当然,不一定是用奖金鼓励。记得我刚开始在国闻通信社当记者时,去采访北平总工会。一位姓赵的告诉我,国际共运的要人樊迪文①要来演讲。我想起在一本杂志上看到此人是第二国际的领导人之一,觉得这个演讲值得一听。等我听完回去已经六点多钟了。正巧《大公报》副总编辑胡政之也在,他问明情况,就叫我先写消息,再写演讲稿的内容。吃过晚饭,他看着我写,快完了,就去挂长途电话,花去二十多元。我在旁边看着,心里一阵激动。照理,稿子可以改可删之处一定不少,但他原封不动地发走了。当时,我刚当记者不久,一个前辈能这样对待我写的稿件,使我有了自信心。这远比奖金的奖励要大得多。

《大公报》总编辑张季鸾也常常向我传授一些经验。比如,采访要先摸清"行情",然后才能知道哪些是新闻,哪些虽是新近发生的事,但不值得采访。他还说:"采访时,同有的人可以无话不谈,有的就不行。"我开始试跑政治新闻时,每次出发前,张季鸾必定详细交代任务,此行重点应注意哪些方面,哪里会发生什么变化,该找什么人去了解真实情况,等等。我到

---

① 樊迪文,即埃米尔·王德威尔德(Emile Vandervelde,1866—1938),比利时人,法学家,共济会成员。曾任第二国际执行局书记,比利时国务、司法、外交、不管和公共卫生部大臣,社会主义工人国际常务局委员和书记处书记。1930 年 9—10 月曾来中国访问。——整理者注

达目的地,遇到的实际情况,十有八九是和他的估计相符合的。

有人问我,什么样的记者才称得上是好记者?我认为在过去当新闻记者,最起码要求,是不能把分工范围内发生的较大的新闻漏掉。自然,写作时,人物、时间、地点等,要交代清楚,如果能采访到新闻的来龙去脉,即新闻的内幕,或者常常能"抢"到别家报纸得不到的消息——独家新闻,那就有希望被称为好记者甚至名记者了。在以前的新闻学里,"抢新闻",是采访的一大要素。在公开的新闻中要争取独占,当然更是难能可贵了。

我曾多次说过,好新闻不妨一"抢"。今天,尽管情况有所变化,但这个原则还是正确的。过去,《大公报》有一套干部培养制度:在外面当了几年外勤记者后,调到馆里担任一段时间的版面编辑。如果能胜任而又有培养前途,就调到外面去当特派记者,经过一个时期的锻炼,再调回当要闻编辑或编辑主任。这个内外互调制度,我以为有一定的好处。当过外勤的编辑,不仅了解新闻采访的甘苦,而且容易摸清新闻的"行市",掌握新闻的"分寸"。另一方面,当过编辑再出去采访,就更清楚哪些是新闻,报馆最需要哪一类新闻。

作为一个记者,首先要培养新闻敏感。发现新闻,判断哪些是主要的部分。敏锐地察觉什么是新闻,什么不是新闻;什么是大新闻，什么是小新闻；哪些是目前虽小，而要发展的新闻，什么是虽然轰动一时，旋将终息的新闻。

抓住时机，及时采访，要真实、要快，尽可能快地报道新发生的事实。当然，也要用事实来宣传社会主义和党的政策。

新闻敏感，外国称之为"第六感官"，说是一种天生的感觉。其实不然，它是后天培养出来的，主要是靠平日用功学习，注意修养，又有丰富的常识，遇事肯动脑筋，就能培养出新闻敏感的素质。过去，一个通信社只有三四个正式记者，外加几个练习生。大体分工，比如当年我跑文教、体育，遇到大事情，一个记者顾不过来，其他记者也去。这三十年来，我们有些做法不妥当，如分工太细，把记者的脑子框住了。许多时候，记者只等派任务，让他报道一个特级教师，他才去采访。到写的时候，又用尽心思，写得神乎其神，过头话也出来了。久而久之，使不少记者缺乏新闻敏感，对真实的新闻听而不闻，视而不见。有些事情，香港的报纸都登了，我们的报纸却没有登。我年老不大出门，在家里也能从朋友口中听到一些消息，如《申报》要全套影印，按理这是一条很有意义也吸引人的消息，我知道后，过了两个多星期才看见报纸上登出。

新闻敏感，通俗地说，要有好管闲事、不厌其烦寻根究底的脾气。这就要有各种常识，了解情况，分析矛盾，"掂"出新闻的分量。

记者采访，要广交朋友，这个意义是说，记者与被采访者之间应当建立起一种朋友关系。从我的经验来看，记者采访不成功的表现之一，是他向采访对象提出各种问题，却得不到应有的回答，或者是得到并不需要的情况。过去，有一种本领大的记者，如邵飘萍，在同别人谈话时，多问多讲，别人嘴上一不注意，就让他抓住一条新闻。他的许多内幕消息，就是这样来的。但这是"一次性生意"，以后再遇到这个人，他就会守口如瓶了。因此，我一般不这样做，而是注意取得采访对象对我的信任。比如，对冯玉祥，他有地位，你就揣摩他当时的心理状况，见面后你就要用事实使他信服你的作风。你写的，没有他忌讳的内容；他说得不全的，你给他补全；有的内幕写出来，又不涉及他。这样，以后他就对你放心了。他既满意，你又达到了目的。我去太原采访冯的幕僚李书诚，他有啥说啥，对别的记者挡驾，对我却大胆放心。这是因为交了朋友的缘故。有时，我也主动讲一些他不知道的新闻，他很高兴。所以，当记者还要善于与人交朋友，取得他们的信任。

的确，同样是记者，会交朋友的，神通广大；不会交朋友的，寸步难行。过去是这样，现在也还是这样。

记者在交朋友的时候，还应该懂点心理学。现在，有人在研究采访心理学,很有必要。我自己当过记者,无所谓了,但有些人,你当面记录他的谈话,他总是有些拘束的。前些年,上海市政协为了搜集文史资料,派一些年轻人去采访老先生,记不下来,就带录音机去。显然,他们讲出来的,不少是官样文章,一些不太体面的历史,是不会讲的。过去,有一种人是要你吹的。比如,他当上财政局长了,要发表就职演说。这时候,他会喜欢你拿着本子记录他的话。还有一种人是政客,专门从事幕后交易。他不能不见记者,但又不讲真情。只能在随便闲聊中使他"漏"出几句来。你一拿出笔记本,他就不肯讲了。在这种情况下,真正的新闻都是从无意中得到的。

那么,有些内容光凭脑子记不下来,怎么办呢?20世纪30年代初,我在汉口当《大公报》特派记者。有一次,宋子文为调整法币的事情到了汉口,住在一家高级饭店。我去访问他,两人坐在沙发上一边谈话,一边喝咖啡。不知不觉中,他透露了一点金融内幕,但都是些数字。他以为我不会记的,而我却早有准备,一手夹着香烟,一手拿一只铅笔头,悄悄地把这些数字都记在一张小纸上了。在他看起来,我的神态又很从容、轻松……

过去,我采访重大新闻,一直到当了总编辑后去访问要人,都不当着人家的面做记录。一般来说,在许多场合,公开记录不是一个好办法，往往只能获得浮面的消息。

提高采访和写作的质量，还需要相当程度的知识积累，这个问题对记者尤其是青年记者的采访，极为重要。

要当好一个记者，不仅要具备写作基础，而且要积累各种知识，了解事情的历史背景。平时积累的知识要广博，史、地、政，都要懂。比如，报道两伊战争，地理知识、军事知识、国际法知识，就非常重要。哪里是油区、哪里是交界城市、哪里是争议地区等等，都应了然于胸。知识积累愈丰富，能掌握到的新闻线索就愈多。

过去有经验的新闻记者，总把一些有历史意义的日子牢记在脑子里，不管是现代的还是古代的，中国的还是外国的，以免需用时再去费工夫翻阅书报。养兵千日，用兵一时。记者在平时要千方百计积累资料。这样，就能给采访乃至写作带来许多方便。

还要了解群众、了解读者，充分把握各种机会、时机，有重点地报道，抓紧时间。

写作时，也要抓住重点，抓住主要矛盾，分别哪些是可以公开的新闻，哪些是暂时不可以公开（内幕）新闻，后者较难。

采访是原料，编辑是加工。原料可以分为直接的和间接的，直接原料是本地记者的探访，间接原料是从中外通讯社或杂志报章中挑选出来的素材。

编辑，要有组织地进行。这方面有两个经验，一是初期《大公报》有一个好的制度，每天下午编辑要集中看报一至两小时，和各报（本外埠比较），初步了解当天的情况，准备补充、说明材料（地图、照片、说明、新闻窗）。这样编辑就能更方便更全面地观察、了解大概情势。另一是内外互调制度，记者和编辑在一定时期内互换工作岗位，《文汇报》上海初期也如此。这样可以彼此更了解对方的工作，更有利于各自的发挥。

总编、编辑主任要注意掌握三个环节，分稿、发稿、检遗。重点看小样，写大标题，审查决定拼版后的大样，注重整体效果。

编辑的主要职责是做好审稿、润色、写出适合的标题。同时要做好总编、编辑主任必要的助手。

总编、编辑主任掌握版面，要做到"色香味"配搭整齐，重点突出。更要做到心中有数，对新闻有数，对读者的口味（接受程度）有数，要比别的报好，更合读者要求。因此要经常注意读者来信，和有代表性的读者交谈。

优秀的编辑应该满足哪些条件。一个好的、称职的、优秀的编辑工作者，应该同时是这样三份角色：1. 做一个交易所的经纪人，要做到熟悉行情，像菜场的售货员那样要能够掂出商品的分量；2. 做一个称职、优秀的厨师，搭配菜肴，掌握火候，熟悉读者"口味"，熟悉对象的接受水平；3. 做一个优秀的美术师，新闻要打扮，题目是点睛，画眉。七分身材，三分打扮。

和读者交知心朋友
——关于新闻评论

新闻评论就是最集中地表示报纸的立场、观点。

在所有的新闻题材中，新闻评论的表现力最鲜明、强烈，影响力也最大。这是对新发生的新闻，表示报社的看法、意见（态度）。新闻评论中最主要的是社论。

要准确地理解新闻和新闻评论二者的关系。评论离不开新闻，新闻是第一性的，评论、解释、插图是派生的。新闻、评论也互相渗透，评论带新闻，新闻（特写专栏）夹叙夹议。直接的议论，间接的配合，副刊也不应离题太远。

如果说新闻标题是眼睛，社论则是鼻、嘴。人要五官方正，报纸也要。报纸也要严正，和蔼可亲，成为读者的益友。表现在新闻特别是评论的语气上，是讨论的态度，说理，平等的态度，而不能摆起面孔说教。

正如前面多次说过的，报纸和读者的关系不应是教育者和被教育者的关系，更不应是阶级斗争的工具。人民不接受、反感，就成了脱离读者的孤家寡人，特别是在香港地区、海外。这就需要把社论，也就是新闻评论写好。

写好新闻评论，要注意以下五个方面。

一是选题。在社评、专论的选题方面，最好要选择当天（至少要当前）最主要的或读者最关心的问题。要做到灵活、生动。可以大题小做，只说一点；也可以小题大做，由小及大。不能像"僵尸"，以右手向右行。

二是内容。新闻评论的内容要言之有物，要有真情实感、真感情、真见解，充分地分析、综合。不要教条、概念，含糊不清，套话、废话、报八股。

写新闻评论要以朋友谈天的态度，不要像教师满堂灌，即使对敌人，也不要泼妇骂街。如对越南（自卫反击战），不要动不动讲教训，谈些他欺人太甚、无法忍受的事实。是否要教训，让读者自己得出结论。如果轻率地下结论，会起到相反的效果（读者会觉得，"未必如此吧?"）

张季鸾先生说，对某些问题看不清时，不妨学孙行者，跳到空中鸟瞰。以第二次世界大战初期，苏德互助，入侵波兰为例，同情波兰人民，斥责波兰当局。1927 年"四一二"时，他写社论同情青年人，指出为民族着想，青年是希望，牺牲者大抵是最英勇最有理想的青年。为民族前途，反对杀戮。

三是修辞。新闻评论在修辞方面，也有许多讲究，简洁、明快。注意语法、逻辑性。不要生造自己也不懂的句子。一句话说不清，宁可分两句、三句，不要长句累赘，不要硬套外国语法。少用人家惯用的成语（套话），如"咄咄逼人""山雨欲来""怪就怪在……"。在海外，更不要多引经典。过去习文，"子曰"，那是初学者、懒汉的方法。也不要总是马克思、毛泽东如何说，可以运用其观点，少搬原文。

四是要注重学习。要写好新闻评论，还需要经常学习。要多读史书。特别是前五史、《晋书》（李世民主持总纂，引用了一些民间资料）、《魏书》（魏收）、《清史稿》和民国史。还有《资治通鉴》，虽是编年史，但对新闻工作极为重要，司马光是编辑工作的典范，他也有许多评论，书中的"臣光曰"值得我们细读。王夫之《读通鉴论》《宋论》，是社论的鼻祖，每篇有新意，而不故意翻案，故作惊人之论，词严意赅。每篇几百字到一二千字。如论岳飞遇害，如论刘备与诸葛亮之关系等都是值得借鉴效法的优秀之作。

几部古典小说。特别是《儒林外史》，学其含蓄、白描；《聊斋志异》，学其活用成语，简洁、生动。《鲁迅全集》，特别是晚期杂文。《毛泽东选集》前四卷，五卷及晚期的文章，霸气，以势服人，不是以理服人。

五是要把握分寸。新闻评论,有一大忌,就是说"过头话"。"假、大、空、套"这四样毛病,已被人们看穿而"深恶痛绝",在全国的主要报刊及其他传媒媒介中,已开始注意并着手清除了,这是一大进步,值得欣慰。

但作为余毒,说"过头话"这一习惯作风,似乎还大有市场,描写一件新生事物,总要加油加醋,说得似乎完美无缺;同样,介绍某个先进人物——特别是标兵,更要锦上添些花,说成是一个各方面都是为人们学习的楷模。

其实,这也是一种不容忽视的顽症,看看只是离开事实一分,而在读者、观众、听众中所得到的宣传效果,可能因而完全破坏了,甚至引起相反作用。大家都知道,真理走前一步,会变成谬误,宣传更是如此,有时"过头话"只离开事实薄薄一层纸,宣传对象的信任,便全部失去了。

作为政治宣传,一切路线、方针、政策的核心,是实事求是,成就不夸大,缺点不缩小。凡是对国家前途抱有坚定信心的人,都应在一切工作中贯彻这个精神。所有传播媒介,更不能忽视这个"癣疥之疾",而宜痛下决心,予以根治。

应炯炯有神

——谈新闻标题

新闻的标题也非常重要,标题有一定的倾向性,也是编辑意识的烙印。

第一是题目。作文、作诗词,都要有题目。目,就是眼睛。新闻标题,要把主要内容,概括地表达出来。新闻标题的确定,在编辑工作中,是最重要的环节,也是最后的环节。审查、润色之后,画龙点睛。

这不是技术性工作,而是一种再创造。设计一个好的标题,要有丰富的知识(常识),对形势的了解,熟悉"行情"的尺寸和分寸。要分析内容是否正确、充分,哪些是最主要的,加上文字的润色。最后,画龙点睛,加上题目。所以,总编辑要审大小样,修改内容和题目。因为,他们应更了解"分寸"。

第二是标题要求,主题、眉题、子题。一条新闻的标题,就像大家都知道的那样,可以分为主题、眉题和子题。一条好的标题,应该有以下特色:1. 要高度概括,让读者一看就知道新闻的内容;2. 倾向性和客观性的有机结合,始终把握好尺度,能表达自身的意见和观点,又要保持客观真实,这样才能使人相信;3. 要鲜明、醒目、炼字、炼句、有吸引力,读后给人留下深刻的印象;4. 标题有时可以是含蓄的,有时也可以是晓畅(战略性)的,就像中国文字和中国画所表达的那种意境;5. 处理好抽象与具体的关系;6. 好的标题,也是新闻与评论的结合点。

一个好的标题能起到评论的作用。如"飞出亚洲,奔向世界""错批一人,误增三亿"。

中国报纸的传统是什么?
——二十年"左"倾新闻路线的探讨,兼论苏联模式和美英模式

一、继承和发扬中国办报传统

中国报纸有没有传统呢?我认为,中国是有悠久的、优良的新闻传统的。广义地说,从有文字以来,我国就有新闻记载了。记得钱玄同先生在大学里给我们教文字学时,说"六书"中最早的是象形,大多是先民在记载当时的自然现象时发明创造的。比如,他们看到森林上空腾起了火焰,发生火灾了,就刻画描记下来,成为"灾"字和"焚"字,可见,从那时起,就有新闻记者,当然是业余的。

也有职业的记者。从传说中的尧舜时代起,统治者左右就有两个史官,"左史记言"——记录君臣间的应对;"右史记事"——记载朝廷的一举一动。他们虽然都是"官报记者",但所记载的,从不让皇帝审改。我们今天看到的古代史,主要就是靠这些"官报记者"记录下来的珍贵史料。

古人说"六经皆史"。六经中的一半——"三传"——全是当时的"大事记",有些刚发生的大事,记者——史官就"秉笔直书"了。比如"赵盾弑其君"这个有名的故事,惨案刚发生,就如实地记了下来,而且加了一个这样大胆的"标题",几千年来,一直被称为威武不能屈的一个典型。其他三个"经",《易》是记录朝廷占卜吉凶、丰歉的,《书》记载当时的典章大事,《诗》则专门收录各地民谣,等于我们现在的报纸副刊刊载民间诗歌一样。所以,我们也可以狂妄一点说,六经皆报,不过时间性差一点,是像《新华月报》、年刊、《时事手册》那样的新闻汇编罢了。

司马迁是我国古代卓越的史学家、断代史的鼻祖,也是极优秀的新闻工作者。《史记》里有相当大的一部分,就是记载当时——汉武帝时的朝野大事,包括汉武帝腐化的私生活,以及宫廷间的秘闻和名将如李广父子被压受害的情况,都大胆直书,忠实记载。

他还在每篇"本纪""世家""列传"的后面,写一段"太史公曰",对此人此事,作简要概括的评议,这也可说是为后代的史论、新闻评论开创了先例,树立了典范。

新闻要注意客观性,不许虚构,不能"客里空",也不可实用主义——为达到宣传效果而夸大、片面。但也不应客观主义,有闻必录。报纸记载总带有一定的倾向性,有它的立场、观点,现代社会如此,古代社会也如此。比如,前面所引述的"赵盾弑其君",很客观,很真实,鞭辟入里,但这个真实,是从忠君爱国这一观点出发的。

所以,从来的新闻,都伴随着一定的新闻评论性质,《春秋》为人称道的一字之褒、一字之贬,就是站在一定的立场,评断新闻的是非曲直。至于近代报纸的标题、导语,倾向性就更加明显了。

司马迁以后的"正史",大抵是后一朝修辑前一朝的史,虽为时不远,内容毕竟都是旧闻了。史家与新闻记者有了明显的分工。有不少关心时政的有识之士,把当时见闻写成笔记或野史,怕触时忌,宁可当时不发表,"藏之深山,传之后世",也不愿掩饰事实真相。

那些正史,一般都还保持《史记》的传统,每篇记述以后,写下简短的"赞曰",为扼要的评议。

司马光编写《资治通鉴》,开编年史的先河,把千余年的历史,删繁就简,去伪存真,态度极为严正。写的虽是旧闻,着眼则在"资治",使读者以古为鉴,借古喻今。所以,他还不失为一个卓越的新闻工作者。特别是他运用夹叙夹议的手法,在紧要处写上一段"臣光曰",发挥了史论——旧闻评论的传统优点。

明末的王船山撰写《读通鉴论》，就《资治通鉴》所载的重要史事，逐条加以评论，每篇都有新见解，而又不是标新立异。内容之精辟，文字之简练，都为史论增一异彩。

近代的名记者、卓越的新闻工作者，如梁启超、黄远生、邵飘萍，大抵都接受了这些先辈的优良传统，而加以发扬。我在中学时代，曾如饥似渴地细读邵飘萍的北京特约通讯，并反复阅读《饮冰室文集》和《远生遗著》，对于他们敏锐的眼光、大胆的议论，不胜倾倒。后来我挑选新闻工作作为终生的事业，主要是受了他们的影响。

我曾和朋友们谈过，我们新闻业这一行，如果也要从历史上找开山祖师，像建筑业推崇鲁班一样，那么，两位"司马"先生——司马迁和司马光应是我们的祖师爷，而王船山则是新闻评论家杰出的代表。

从上面的简单叙述看来，我国的新闻工作，的确是有悠久的优良传统的，绝不是近百年来才抄袭照搬外国的——英美的或苏联的经验和模式。

我们的优良传统该总结些什么呢？简单说，我以为至少有以下两条：一是忠于事实，"秉笔直书"；眼光可能有局限，但绝不屈于权势，颠倒黑白，歪曲事实。二是敢于发议论，绝不人云亦云，或哗众取宠。

这两条归结为一点就是，对历史负责，对人民负责，保持立言者的良心，坚持正义，"富贵不能淫，贫贱不能移，威武不能屈"。所以，新闻记者是光荣的称号，新闻事业是崇高的事业。古代的官报，就是当时的一种报纸。"左史记言，右史记事"，董狐、司马迁等直言秉笔，就是中国最早的新闻传统。中国历代的史官有一种"富贵不能淫，贫贱不能移，威武不能屈"精神，对当时发生的事件忠实记载，秉笔直书，这就成了今天我们看到的历史。

"天下有道，则庶人不议。"可见庶人也是经常可以议论天下事的。汉、宋太学生的"月旦人物"和"城门闭，言路开；城门开，言路闭"，这些都可以理解为新闻和新闻评论，是老百姓或代表平民阶层的人议论时事，发表自己的看法。古人说"立德、立功、立言"，这三者同样重要。中国古代的野史，就是立言。"前四史"，都是非官方修的，也都可以算作是"野史"。言论，如果被禁锢，宁可用曲笔，或者"藏之深山，传之后世"，也不愿歪曲事实。这些都是中国报纸的优良传统。

印刷术发展后，逐渐分为两支：一为官报、宫门抄、辕门抄……，以及后来的政府公报，政府机关报，半官报；另一为民间报，文人论政，这是中国报纸最主要的传统。

毛泽东同志最初也借长沙《大公报》宣传驱张，后办《湘江评论》，也不是纯之又纯地讲马列教条，而是鼓励人们讨论革除封建主义、帝国主义。

在白区工作的刘少奇和周恩来等，更是发展了党的统一战线，在艰苦环境下团结广大人民和新闻界、文教界知识分子，以各种形式办好报纸，宣传革命。这其中有以下特点：一是在国民政府统治区办的代表共产党声音的报纸，也可以说是白区的"党报"，如重庆《新华日报》，尽可能团结一切要求进步的力量，如国民党的中间派，可改变的保守派，还有各类民主人士；二是争取和鼓励、帮助进步报纸，如《生活》，如《文汇报》，派党员参加领导，通过各种政治的、组织的、经济的方式来进行帮助；三是推动各类新闻人如记者、编辑、电台主持人等走向中立、逐步左转，转为同情和支持共产党的人，如《新民报》；四是对于国民党顽固派和反对共产党的新闻单位和新闻人，甚至对被认为是反动派的报纸也采取争取和感化的态度，争取爱国、有正义感、对人民群众有感情的记者、编辑，这也起了一定的作用；五是争取一个周刊、副刊，通过文艺的、大众的、国民政府控制区特别是大城市群众能接受的、喜闻乐见的形式来争取人心，如《中华日报》《电影周刊》。多种多样，尽可能争取朋友，调动力量，孤立以蒋介石为代表的主要敌人。

所以，1949年前，在新闻报纸领域，共产党和国民党的斗

争中有这样一条"战线",就是这种灵活多样的统一战线,历史证明是成功的。(政治上也是如此)

二、二十多年来的现实

一位领导同志曾说,从1957年起,"左"倾路线造成了严重的危害,要报纸老老实实讲真话,不要吞吞吐吐。二十年"左"倾,在政治、经济、文化和社会生活各方面都有所表现,后果惨重。这些问题在报界的主要表现是什么?应该很好地总结。这才有可能拨乱反正,走上中国特色的社会主义新闻事业的正确道路,为发扬民主、法治做出贡献。

1949年,人民政府成立以前,第一届政协期间,胡乔木同志邀集新闻界谈话,说全国主要地区已解放,老解放区新闻工作者和蒋管区进步新闻工作者大会师了。从今天来回顾过去三十年,虽然可以说成绩是主要的,但从"会师"一点来看,我以为是"会"得并不那么好,或者说是没有成功。

1950年,举行第一次新闻工作会议,强调联系实际,联系群众,批评与自我批评,也很好。这是老解放区多年实践的总结,很应该推广。

老解放区有一套联系实际、联系群众、批评与自我批评等宝贵的办报经验,是应该继承和发扬的。而在国民政府统治区的进步报纸,如周恩来同志领导的重庆《新华日报》,以及夏衍等同志主持的《救亡日报》和《华商报》等其他进步报纸,都有一些团结知识分子,交流科学文化,使城市人民喜闻乐见、生动活泼的好经验,大概因为受苏联模式的影响吧,全被抛弃了。所以说,不是会师、取长补短,实际上是片面地接收、片面地推广。

问题是片面强调解放区经验,而忽视、全盘否定了党报和进步报纸在民国时期乃至我国新闻界更早时期积累下来的生动活泼、敢于担当的经验。对于这些本应取长补短,取其精华去其糟粕的传统和经验却一概全盘抛弃,这样做是接收而不是"会师"。片面推广另一方面的经验和做法,老解放区的宣传和办报经验及做法,主要适应于农村和军队,适应于战时动员和军事化的管理以及对付国民党的封锁,如果强搬到解放后以和平建设为主的城市,就会显得不适应。战争对抗时期的新闻写作方法和报社的组织管理方法,强搬到和平建设时期,也不适应。解放前,许多党刊是地下或半地下的,主要是传递党组织的信息和对敌斗争经验,不是针对不可能生动活泼地报道社会现象,大部分是指示、通信、工作经验等。

另一个问题是,套搬苏联经验,学习《真理报》等,把报纸当作"阶级斗争"的工具。稍微了解苏联历史和苏共史,就可以知道我们中国的历史背景和苏联完全不一样。十月革命前后，苏联的知识分子大都是反对布尔什维克的，革命胜利后报纸只是单纯地由地下转为公开。他们没有多种多样的合法斗争经验，新闻事业也没有统一战线这个法宝。

解放之初，"一面倒"，说什么"苏联的今天，就是我们的明天"。生搬硬套苏联的经验和做法，完全否定了白区的工作和经验。其思想根源是非常值得探讨和研究的。所以在"文革"中，白区工作者大都打成了叛徒。同时又一味套用老解放区农村办报的经验，造成了许多无可挽回的损失。

1956年时，刘少奇同志在新华社做了两次重要讲话，指出了报纸不重视新闻等等偏向，指出改进的方向；邓拓同志等更在《人民日报》做了大胆的尝试，使报纸百花齐放，生动活泼，《文汇报》也在这时再一次复刊了。但不久，邓拓同志就被批评为"文人办报""死人办报"而离开了《人民日报》，所有报纸又恢复了原来的模式。不久也取消一切民间报纸，有的也已名存实亡。

正如政治、经济、文化、社会、教育各方面一样，新闻界的"左"倾路线，也不是一朝一夕养成的。从历史上看，早就有了萌芽，并且不断滋长。如政治上反胡风等，不断搞政治运动，经济上的不顾平衡，不顾客观规律，好大喜功，强调重工业发展等。新闻方面，一解放就盲目学习苏联，片面强调解放区办报经验等,走上了一条狭隘的、形而上学的理解社会主义的办报道路。报纸缺少生气,没有新闻,没有人民的声音,不为人民喜爱。报纸成了"新闻公报",千人一面,万人一腔,"舆论一律"。到了"十年浩劫"中,"四人帮"利用这一弱点,把报纸变成他们的"帮报"。报纸不仅变成"断烂朝报",而且"满纸荒唐话,一把辛酸泪",专门说假话、造谣言、整群众,有些还十足沦为"帮报"。这样,报纸完全走向了人民的反面,没有任何威信。他们把报纸的客观规律、基本要素,全说成是资产阶级办报思想而加以"批判",彻底抛弃。"舆论一律",全国不再有一点声音。真正是万马齐喑了。

三、对报纸性质的认识和实践

报纸是宣传工具,也是特殊的宣传工具,要通过事实,新闻(第一性的)来宣传党和国家的政策,不是单纯地传达、歌颂指示。

报纸应该以平等的态度,向广大读者报告新闻,提出看法,影响他们,帮助他们了解并理解党和国家的方针政策,进而起到相应的宣传作用。要通过新闻(新发生的事实)来起到这个作用,而不能发指示,用强制的手段,要人民接受。"文革"中,报纸大幅登"最高指示"。在此之前,也大批搬用毛泽东主席的话。报纸代圣立言,实际上是八股化。结果是:1. 不注意新闻的时间性，没有新闻，将时间与真实对立。2. 不注意新闻的特征，发布公报，以传递政务信息和传授经验为主。3. 不反映群众的声音。报纸没有民主，只有党的声音向下灌输，违反了民主基础上的集中，集中指导下的民主这一原则。4. 错误地强调"舆论一律"，排斥并扼杀不同意见。5. 报纸每一句话都代表党，代表中央，造成内外被动，"文革"中被利用。6. 没有舆论监督，形成特权和官僚主义，乃至腐败。各类决策错误不能及时纠正，愈演愈烈。

这种倾向和做法把党的领导和报纸的创造性、群众性完全对立起来，仿佛报纸有些不同面目，不同声腔，有一些相对的创造性，就是排除党的领导。

"四人帮"垮台后，尽管像胡绩伟等有胆识的同志尽力发言，但总的来说，还是管得严，"舆论一律"的遗毒，对"同人报"谈虎色变。

"四大"① 取消后，又说大字报可以有条件地贴，这种反复就是因为没有报纸发扬民主。发扬民主，适当开放报纸言论是最合适的方式。民主不能空言，更不能从上到下号召，发扬民

---

① 指"大鸣，大放，大辩论，大字报"。"四大"在 1957 年整风和反右运动中产生，后在"文革"中被鼓励和倡导并盛行，1975 年 1 月四届全国人大写入宪法，1980 年 9 月五届全国人大三次会议决定从宪法中取消。——整理者注

主首先需要法治来保障，要用法治来保障和规范报纸的言论权。

无数历史经验说明，没有舆论监督，必将出现特权、腐败、官僚主义，甚至封建独裁。苏联和中国，都已有了惨痛的教训。

其实，马克思和恩格斯办的《新莱茵报》，就是一份"同人报"。马克思和恩格斯都是"文人论政"。巴黎公社时，欧洲有七十多家不同阶层和政权办的报纸在巴黎发行。

一个正常的社会，应有不同的声音。不同的报纸，就好像交响乐的不同乐器，演奏出来完全是和谐的。不让乐器发声，或者所有乐器发同样的声音，这是两个极端的偏向。一式的乐器，发同样的声音，反倒是不和谐了。

"同人报"和"文人论政"，本质上是一种民间报。民间报有什么可怕？有党员可以发挥骨干桥梁作用，还能够造反？太无自信了。有宪法，有人民法院，违反宪法，可控告，可追究。有宪法可依，人民会不信任？让人民监督，反而更能得到人民的拥护，政权更稳定。

说要民主党派长期共存，互相监督，要各党派独立发展，这其中重要的一条，就是得让各党派独立办报。还有无党派民主人士存在，要倾听他们的声音，就得允许私人办报。

真的让人民有言论自由，不是资产阶级的假民主，实际只是少数垄断资产阶级的言论自由。也不是苏联那种舆论一律，或者我们那种名义有自由实际包办的假自由。

要建设一个现代化的社会，就应该真正把门打开。党有真理在手，有三千多万党员（还在逐渐增多），应该不怕竞争、竞赛。

这样，民主生活会活跃，人民的积极性会提高，官僚、特权、腐败会失去存在的土壤，国家和民族的前途就有了保障。问渠哪得清如许，为有源头活水来。只有死水里才会生长细菌。特权、官僚、腐败，这是一个恶性循环，只有舆论监督可以制止。

报纸的努力方向

报纸该怎么办？如何适应时代的要求？

回过来看看，我们三十多年走的道路，是否完全正确、合理？也值得思考。

第一，报纸应该还原为报纸：以事实说话，新闻是第一性的，新闻有自身的客观规律。宣传党的政策，应该通过生动的事实，而不是命令、说教。报纸和读者的关系，应是知心朋友的关系，而不是教育者和被教育者的关系。原则满堂灌，不平等待人，以观点强加于人，结果会适得其反。报纸总有立场、观点和倾向性，我们的报纸，以事实宣传党的政策，帮助党沟通人民的意见，反映人民的各项要求。这就是党性和人民性的统一，就是中国式的社会主义报纸的道路。

第二，报纸应有相对的独立性，像企业一样，有一定的自主权。首先，不能也不必所有的报纸都代表党说话，一字一句都代表党。造成：1. 登新闻是政治待遇，不按重要性、新闻分量；2. 不能经常开展批评，一批评（点名）就代表党，就成了敌我矛盾；3. 在外交上也很容易造成被动。

各级党委的机关报不能被认为是同级党委的喉舌。如果不准批评同级党委，这样就造成了一言堂。这种由党委包办代替的做法，无法开展正常批评，必然造成特权、腐败、官僚主义。由特权形成官僚主义，再由官僚主义发展到腐败，这一过程只有舆论监督可以有效制止，这对于社会主义制度下的报纸是一项重要的职能。不把上述这些束缚解除，社会主义制度下报纸就无法办好。

多年前提倡的四个现代化，还要有政治民主化。我们的报纸，必然要充分发扬社会主义民主，通过报纸的宣传鼓动（以事实，不以教训、命令），提高人民对发展经济，进行现代化建设的积极性，拥护党的政策，帮助党排除障碍，同心同德，沿着中国式的民主、中国式的社会主义道路前进。

要建立法治环境。要提高新闻的宣传效果,使新闻和报纸更好地服务于社会和国家,更好地服务于现代化建设,同时也是使一个社会正常地运转,就要建立一个法治的环境。当前,广大新闻工作者乃至国人望眼欲穿的是新闻法或出版法。不言而喻,这应该是保障新闻自由、言论自由性质的,千万不应加上横一条限制、竖一条限制,给思想僵化者、阻碍改革开放者以可乘之机。因为新闻自由和言论自由应该受到法律限制的。在我国的基本大法——宪法及民法、刑法等法律,早已明文确定了的条文,无需重申严明。

回忆近现代史,前清有"报例",北洋军阀统治时代有"报刊律例"、国民政府则有"出版法",这些都是为限制新闻自由、扼杀进步报刊而颁布的。我们的前辈曾为废除这些枷锁,争取言论自由而奋斗不息,付出过惨重代价。新中国成立后所实行的"舆论一律",基本上是取法于斯大林时代苏联的一套模式,遗患无穷。中共十一届三中全会以来,确立了改革开放路线,一切讲究实事求是,实际上就和这一套模式是南辕北辙了。特别是中共十三大号召的进一步解放思想,一切有利于解放生产力,为前进指明了方向,何况时代已经进入了一日千里的信息时代,制定和保障新闻自由、开放言路的新闻法、出版法,更是刻不容缓了。

可以考虑改变"舆论一律"的旧模式,以广开言路。从上到下的宣传,从下到上的反映民意、广开言路,应该是双轨的、并行不悖的两条渠道。两条渠道畅通了,就会团结一致,所向无前。20世纪50年代末期以后的二十年,所以要坚持"舆论一律",是因为当时的政策讲话,几乎都使人有神秘感,表里不一,言行不一,根本谈不上什么透明度。"舆论一律",成为当时加强控制的一种手段,也使人民对政策发生了神秘感和恐惧感。余风所及至今有些人到今天还"话到舌边留半句",在对话议政中不敢畅所欲言,因为习惯经验实在给人的影响太深了。

只有取消"舆论一律",代之以新闻法和出版法等相应法律,用法律来保障和规范各种让人民畅所欲言的渠道,做到上下流畅沟通,从而才能进一步调动广大人民对贯彻政策的积极性,这样才能与政策的透明度相适应。"舆论一律",目前基本上只对官僚主义、违法乱纪,以及各种为非作歹的衙内们有利,对这些人起到保护伞的作用,还可能保护贪污腐败。一旦言路畅通,对这些消极现象及腐败违法乱纪分子及时予以揭露。舆论监督是整顿党风民风的一条最有效的道路,而且在萌芽状态就及时予以一声棒喝,也许还可以挽救一批人与水边。

有人问"舆论一律"解除后言论失控怎么办?我的答复很简单,法大于天,一切以宪法和各种法律为准绳。

最后一点，就是办好报纸，应该善于利用并全面掌握各种现代化的科技和通讯工具。这次来香港，看到各位记者采访时使用的辅助工具之先进，给我留下很深的印象。半个世纪前，可不是这样的。1928年八九月间，我去太原采访华北球类比赛。当时，太原到天津的电报，只有一条线路，加急电要五六个小时才能收到；普通电下午五点发出，第二天才能收到。可是，运动会的球类比赛，往往是三点钟才开赛，五点钟以后才知道结果。这次运动会，大家很注意篮球赛，特别是天津的南开"五虎"同北京师大决赛这场，南开大学学生乃至天津的市民，都很想早些知道结果，天津好几家报馆都派人去采访。我知道电报传递消息很慢的情况后，就想出了一个办法。球赛打了半场，我先发电报，简单描述比赛经过。发完电报，下半场结束了，我再赶发一个加急电，只报最后比分。而其他报馆的记者呢，一直等到比赛结束才发。这样，我的消息就比《益世报》《庸报》的快了整整一天！

当然，现在是大不一样了。科学技术的发展，给记者的采访带来了很多便利。我看到有些记者还配备录像机、摩托车，采访、通讯都很及便，当然，我们报纸的应用水平还有待于进一步提高。新闻现代化的尺度，就是时间的迅速与否。所以，在现代化的社会里，报纸和编辑记者还要学会使用各种现代化通讯工具，努力成为一个多面手。这样，才不至于被淘汰。

世界科技已经和正在经历一场重大的进步，不远的将来还会有许多更加重大的进步。一份优秀的报纸，一个优秀的编辑和记者，既要在人所共有的条件下，最大限度地发挥自己的主观能动性，变劣势为优势，又要不断掌握新知识和新技术，跟上科学发展一日千里的步伐。

编后记

《新闻艺术》是徐铸成先生关于新闻工作的论著,成书于他的晚年。他从事新闻工作起步很早,先后在《大公报》《文汇报》等担任重要职务,是中国现代报业史上的著名人物。他的经历丰富,著作等身,《新闻艺术》是其中一部较为完整地阐述其新闻思想、新闻学术观点和总结新闻实践经验的著作。

徐铸成先生哲嗣徐复仑在《徐铸成回忆录》的后记中说,父亲的一生其实只做了两件事,一件是办《大公报》和《文汇报》,一件是当"右派"。实际上,徐铸成先生还做了第三件事,就是烈士暮年,壮心不已,笔耕不辍,遗教后学。他在生命的最后十多年里,写下大量的旧闻掌故、生平回忆、人物传记和新闻研究,洋洋二百余万言。这不能不说是他的人生中的又一件大事。当然,他的这些文字都与办报有关,他当"右派"也是因为办报。因此,也可以说,徐铸成先生一生只做了一件事：办报。其实，从他的著述中可以看到，他的一生只有一个理想，就是办一份民间报纸，办一份具有独立立场的民间报纸。他为这个理想艰苦探索，历经坎坷，终生奋斗。这样来看，《新闻艺术》正是一部讲述怎样办报的书，讲述办报这个理想以及相关现实问题的书。

《新闻艺术》是徐铸成先生于1983年8月上旬在民盟中央举办的多学科学术讲座上的讲授内容，讲座地点在他的母校北京师范大学；后由他人根据录音整理成书，经他本人审定后于1985年9月由知识出版社（上海）出版。2011年10月，生活·读书·新知三联书店出版"徐铸成作品系列"之一的《新闻丛谈（增编本）》，将《新闻艺术》收入该书。

《新闻艺术》是徐铸成先生新闻论述的集中体现，还有一些重要论述散见于其他文章和讲稿。为了全面地展现徐铸成先生的新闻思想及有关论述，本书选取附录他的三篇文章和讲稿。一是《记者节上的讲话》，发表于1946年9月1日抗战胜利后中国命运面临抉择之际的记者节，其时他任《文汇报》总主笔，文章表达他对记者这一职业以及社会现实的思考；二是《中国报纸的传统》，系他1957年1月8日应邀在上海解放日报社业务学习座谈会上所做报告，同月18日刊于该报社内部刊物《新闻业务研究》，后发表于1957年4月10日的《新闻与出版》，在随后的反右斗争中受到错误批判；三是《怎样办好一份报纸》，是他于1980年9、10月间在香港文汇报社对编辑、记者所做报告，根据《新闻丛谈（增编本）》中收入的提纲和该报社提供的资料整理而成，反映他经过二十多年磨难后对新闻工作系列问题的思考和看法。

《新闻艺术》列入"大家小书"丛书选题后，曾考虑进行适度的整理补充，后采纳贺越明先生的意见，保持徐铸成先生生前审定的原稿，仅做技术性校订，改正由录音整理产生的错讹，并添加必要的注释。书中文字既具20世纪不同时代的特征，又有讲座授课表述的特点，与现今的文字规范略有不同。依照"大家小书"丛书的惯例，对于经典性著作中的这类情况予以尊重，维持原貌，不做改动。

2022年3月8日

国家新闻出版广电总局
首届向全国推荐中华优秀传统文化普及图书

大家小书书目

国学救亡讲演录	章太炎 著 蒙木 编
门外文谈	鲁迅 著
经典常谈	朱自清 著
语言与文化	罗常培 著
习坎庸言校正	罗庸 著 杜志勇 校注
鸭池十讲（增订本）	罗庸 著 杜志勇 编订
古代汉语常识	王力 著
国学概论新编	谭正璧 编著
文言尺牍入门	谭正璧 著
日用交谊尺牍	谭正璧 著
敦煌学概论	姜亮夫 著
训诂简论	陆宗达 著
金石丛话	施蛰存 著
常识	周有光 著 叶芳 编
文言津逮	张中行 著
经学常谈	屈守元 著
国学讲演录	程应镠 著
英语学习	李赋宁 著
中国字典史略	刘叶秋 著
语文修养	刘叶秋 著
笔祸史谈丛	黄裳 著
古典目录学浅说	来新夏 著
闲谈写对联	白化文 著
汉字知识	郭锡良 著
怎样使用标点符号（增订本）	苏培成 著
汉字构型学讲座	王宁 著

诗境浅说	俞陛云 著
唐五代词境浅说	俞陛云 著
北宋词境浅说	俞陛云 著
南宋词境浅说	俞陛云 著
人间词话新注	王国维 著　滕咸惠 校注
苏辛词说	顾随 著　陈均 校
诗论	朱光潜 著
唐五代两宋词史稿	郑振铎 著
唐诗杂论	闻一多 著
诗词格律概要	王力 著
唐宋词欣赏	夏承焘 著
槐屋古诗说	俞平伯 著
词学十讲	龙榆生 著
词曲概论	龙榆生 著
唐宋词格律	龙榆生 著
楚辞讲录	姜亮夫 著
读词偶记	詹安泰 著
中国古典诗歌讲稿	浦江清 著　浦汉明　彭书麟 整理
唐人绝句启蒙	李霁野 著
唐宋词启蒙	李霁野 著
唐诗研究	胡云翼 著
风诗心赏	萧涤非 著　萧光乾　萧海川 编
人民诗人杜甫	萧涤非 著　萧光乾　萧海川 编
唐宋词概说	吴世昌 著
宋词赏析	沈祖棻 著
唐人七绝诗浅释	沈祖棻 著
道教徒的诗人李白及其痛苦	李长之 著
英美现代诗谈	王佐良 著　董伯韬 编
闲坐说诗经	金性尧 著
陶渊明批评	萧望卿 著

古典诗文述略	吴小如 著
诗的魅力	
——郑敏谈外国诗歌	郑敏 著
新诗与传统	郑敏 著
一诗一世界	邵燕祥 著
舒芜说诗	舒芜 著
名篇词例选说	叶嘉莹 著
汉魏六朝诗简说	王运熙 著 董伯韬 编
唐诗纵横谈	周勋初 著
楚辞讲座	汤炳正 著
	汤序波 汤文瑞 整理
好诗不厌百回读	袁行霈 著
山水有清音	
——古代山水田园诗鉴要	葛晓音 著
红楼梦考证	胡适 著
《水浒传》考证	胡适 著
《水浒传》与中国社会	萨孟武 著
《西游记》与中国古代政治	萨孟武 著
《红楼梦》与中国旧家庭	萨孟武 著
《金瓶梅》人物	孟超 著 张光宇 绘
水泊梁山英雄谱	孟超 著 张光宇 绘
水浒五论	聂绀弩 著
《三国演义》试论	董每戡 著
《红楼梦》的艺术生命	吴组缃 著 刘勇强 编
《红楼梦》探源	吴世昌 著
《西游记》漫话	林庚 著
史诗《红楼梦》	何其芳 著
	王叔晖 图 蒙木 编
细说红楼	周绍良 著
红楼小讲	周汝昌 著 周伦玲 整理

曹雪芹的故事	周汝昌 著	周伦玲 整理
古典小说漫稿	吴小如 著	
三生石上旧精魂		
——中国古代小说与宗教	白化文 著	
《金瓶梅》十二讲	宁宗一 著	
中国古典小说十五讲	宁宗一 著	
古体小说论要	程毅中 著	
近体小说论要	程毅中 著	
《聊斋志异》面面观	马振方 著	
《儒林外史》简说	何满子 著	
我的杂学	周作人 著	张丽华 编
写作常谈	叶圣陶 著	
中国骈文概论	瞿兑之 著	
谈修养	朱光潜 著	
给青年的十二封信	朱光潜 著	
论雅俗共赏	朱自清 著	
文学概论讲义	老舍 著	
中国文学史导论	罗庸 著	杜志勇 辑校
给少男少女	李霁野 著	
古典文学略述	王季思 著	王兆凯 编
古典戏曲略说	王季思 著	王兆凯 编
鲁迅批判	李长之 著	
唐代进士行卷与文学	程千帆 著	
说八股	启功 张中行 金克木 著	
译余偶拾	杨宪益 著	
文学漫识	杨宪益 著	
三国谈心录	金性尧 著	
夜阑话韩柳	金性尧 著	
漫谈西方文学	李赋宁 著	
历代笔记概述	刘叶秋 著	

周作人概观	舒芜 著	
古代文学入门	王运熙 著	董伯韬 编
有琴一张	资中筠 著	
中国文化与世界文化	乐黛云 著	
新文学小讲	严家炎 著	
回归，还是出发	高尔泰 著	
文学的阅读	洪子诚 著	
中国文学1949—1989	洪子诚 著	
鲁迅作品细读	钱理群 著	
中国戏曲	么书仪 著	
元曲十题	么书仪 著	
唐宋八大家 ——古代散文的典范	葛晓音 选译	
辛亥革命亲历记	吴玉章 著	
中国历史讲话	熊十力 著	
中国史学入门	顾颉刚 著	何启君 整理
秦汉的方士与儒生	顾颉刚 著	
三国史话	吕思勉 著	
史学要论	李大钊 著	
中国近代史	蒋廷黻 著	
民族与古代中国史	傅斯年 著	
五谷史话	万国鼎 著	徐定懿 编
民族文话	郑振铎 著	
史料与史学	翦伯赞 著	
秦汉史九讲	翦伯赞 著	
唐代社会概略	黄现璠 著	
清史简述	郑天挺 著	
两汉社会生活概述	谢国桢 著	
中国文化与中国的兵	雷海宗 著	
元史讲座	韩儒林 著	

魏晋南北朝史稿	贺昌群 著
汉唐精神	贺昌群 著
海上丝路与文化交流	常任侠 著
中国史纲	张荫麟 著
两宋史纲	张荫麟 著
北宋政治改革家王安石	邓广铭 著
从紫禁城到故宫 ——营建、艺术、史事	单士元 著
春秋史	童书业 著
明史简述	吴晗 著
朱元璋传	吴晗 著
明朝开国史	吴晗 著
旧史新谈	吴晗 著 习之 编
史学遗产六讲	白寿彝 著
先秦思想讲话	杨向奎 著
司马迁之人格与风格	李长之 著
历史人物	郭沫若 著
屈原研究（增订本）	郭沫若 著
考古寻根记	苏秉琦 著
舆地勾稽六十年	谭其骧 著
魏晋南北朝隋唐史	唐长孺 著
秦汉史略	何兹全 著
魏晋南北朝史略	何兹全 著
司马迁	季镇淮 著
唐王朝的崛起与兴盛	汪篯 著
南北朝史话	程应镠 著
二千年间	胡绳 著
论三国人物	方诗铭 著
辽代史话	陈述 著
考古发现与中西文化交流	宿白 著
清史三百年	戴逸 著

清史寻踪	戴　逸　著
走出中国近代史	章开沅　著
中国古代政治文明讲略	张传玺　著
艺术、神话与祭祀	张光直　著
	刘　静　乌鲁木加甫　译
中国古代衣食住行	许嘉璐　著
辽夏金元小史	邱树森　著
中国古代史学十讲	瞿林东　著
宾虹论画	黄宾虹　著
中国绘画史	陈师曾　著
和青年朋友谈书法	沈尹默　著
中国画法研究	吕凤子　著
桥梁史话	茅以升　著
中国戏剧史讲座	周贻白　著
中国戏剧简史	董每戡　著
西洋戏剧简史	董每戡　著
俞平伯说昆曲	俞平伯　著　陈　均　编
新建筑与流派	童　寯　著
论园	童　寯　著
拙匠随笔	梁思成　著　林　洙　编
中国建筑艺术	梁思成　著　林　洙　编
沈从文讲文物	沈从文　著　王　风　编
中国画的艺术	徐悲鸿　著　马小起　编
中国绘画史纲	傅抱石　著
龙坡谈艺	台静农　著
中国舞蹈史话	常任侠　著
中国美术史谈	常任侠　著
说书与戏曲	金受申　著
世界美术名作二十讲	傅　雷　著
中国画论体系及其批评	李长之　著

金石书画漫谈	启　功　著	赵仁珪　编
吞山怀谷		
——中国山水园林艺术	汪菊渊　著	
故宫探微	朱家溍　著	
中国古代音乐与舞蹈	阴法鲁　著	刘玉才　编
梓翁说园	陈从周　著	
旧戏新谈	黄　裳　著	
民间年画十讲	王树村　著	姜彦文　编
民间美术与民俗	王树村　著	姜彦文　编
长城史话	罗哲文　著	
天工人巧		
——中国古园林六讲	罗哲文　著	
现代建筑奠基人	罗小未　著	
世界桥梁趣谈	唐寰澄　著	
如何欣赏一座桥	唐寰澄　著	
桥梁的故事	唐寰澄　著	
园林的意境	周维权　著	
万方安和		
——皇家园林的故事	周维权　著	
乡土漫谈	陈志华　著	
现代建筑的故事	吴焕加　著	
中国古代建筑概说	傅熹年　著	
简易哲学纲要	蔡元培　著	
大学教育	蔡元培　著	
	北大元培学院　编	
老子、孔子、墨子及其学派	梁启超　著	
春秋战国思想史话	嵇文甫　著	
晚明思想史论	嵇文甫　著	
新人生论	冯友兰　著	
中国哲学与未来世界哲学	冯友兰　著	

谈美	朱光潜	著
谈美书简	朱光潜	著
中国古代心理学思想	潘菽	著
新人生观	罗家伦	著
佛教基本知识	周叔迦	著
儒学述要	罗庸 著 杜志勇 辑校
老子其人其书及其学派	詹剑峰	著
周易简要	李镜池 著 李铭建 编
希腊漫话	罗念生	著
佛教常识答问	赵朴初	著
维也纳学派哲学	洪谦	著
大一统与儒家思想	杨向奎	著
孔子的故事	李长之	著
西洋哲学史	李长之	著
哲学讲话	艾思奇	著
中国文化六讲	何兹全	著
墨子与墨家	任继愈	著
中华慧命续千年	萧萐父	著
儒学十讲	汤一介	著
汉化佛教与佛寺	白化文	著
传统文化六讲	金开诚 著 金舒年 徐令缘 编
美是自由的象征	高尔泰	著
艺术的觉醒	高尔泰	著
中华文化片论	冯天瑜	著
儒者的智慧	郭齐勇	著
中国政治思想史	吕思勉	著
市政制度	张慰慈	著
政治学大纲	张慰慈	著
民俗与迷信	江绍原 著 陈泳超 整理
政治的学问	钱端升 著 钱元强 编

从古典经济学派到马克思	陈岱孙	著		
乡土中国	费孝通	著		
社会调查自白	费孝通	著		
怎样做好律师	张思之	著	孙国栋	编
中西之交	陈乐民	著		
律师与法治	江 平	著	孙国栋	编
中华法文化史镜鉴	张晋藩	著		
新闻艺术（增订本）	徐铸成	著		
经济学常识	吴敬琏	著	马国川	编
中国化学史稿	张子高	编著		
中国机械工程发明史	刘仙洲	著		
天道与人文	竺可桢	著	施爱东	编
中国医学史略	范行准	著		
优选法与统筹法平话	华罗庚	著		
数学知识竞赛五讲	华罗庚	著		
中国历史上的科学发明（插图本）	钱伟长	著		

出版说明

"大家小书"多是一代大家的经典著作,在还属于手抄的著述年代里,每个字都是经过作者精琢细磨之后所拣选的。为尊重作者写作习惯和遣词风格、尊重语言文字自身发展流变的规律,为读者提供一个可靠的版本,"大家小书"对于已经经典化的作品不进行现代汉语的规范化处理。

提请读者特别注意。

北京出版社